AF595533

Editorial
NUN

La adicción a la pornografía en internet y el cibersexo como causas de nulidad matrimonial

Ficha bibliográfica

Irurita Tomasena, Miguel

La adicción a la pornografía en internet
y el cibersexo como causas de nulidad matrimonial
1a. edición, 2023

ISBN: 978-607-97991-2-0

Editorial Notas Universitarias, S.A. de C.V.

Impreso en la Ciudad de México, junio de 2023
Formato: 15 × 21 cm

86 pp.

Editorial NUN
es una marca de Editorial Notas Universitarias, S.A. de C.V.

Xoçotla 17, Tlalpan Centro II, alcaldía Tlalpan,
C. P. 14000, Ciudad de México

www.editorialnun.com.mx

D. R. © 2023, Editorial Notas Universitarias, S.A. de C.V.
D. R. © 2023, Miguel Irurita Tomasena

El contenido de este libro es responsabilidad del autor

Comentarios sobre la edición a contacto@editorialnotasuniversitarias.com.mx

Derechos reservados conforme a la ley. No se permite la reproducción total o parcial de esta publicación, ni registrarse o transmitirse por un sistema de recuperación de información, por ningún medio o forma, sea electrónico, mecánico, fotoquímico, magnético o electro-óptico, fotocopia, grabación o cualquier otro sin autorización previa y por escrito de los titulares del *Copyright*. La infracción de los derechos mencionados puede ser constitutiva de delito contra la propiedad intelectual (arts. 229 y siguientes de la Ley Federal de Derechos de Autor y arts. 242 y siguientes del Código Penal)

Versión impresa ISBN: 978-607-97991-2-0
Versión digital ISBN: 978-607-99398-4-7

Los textos aquí presentados fueron arbitrados (doble-ciego) y dictaminados por especialistas nacionales. Posteriormente fueron revisados, corregidos y modificados por los autores antes de llegar a su versión final.

Dirección editorial: Miryam D. Meza Robles
Cuidado de edición: Felipe G. Sierra Beamonte
Diagramación y versión digital: Alejandro Ramírez Monroy

Impreso en México

La adicción a la pornografía en internet y el cibersexo como causas de nulidad matrimonial

Miguel Irurita Tomasena

Índice

Introducción

En el desarrollo de este trabajo describiremos el fenómeno consistente en el uso inadecuado y compulsivo de internet para ver pornografía o participar en "cibersexo", y procuraremos definir si dichas prácticas o conductas pudieran constituir o implicar alguna de las causales de nulidad matrimonial, conforme al derecho canónico, y las consecuencias que dichas consideraciones podrían representar para el canonista.

El uso creciente y exponencial de internet y de los dispositivos móviles para la comunicación humana es una realidad que observamos cotidianamente y que impacta en la vida de casi todas las personas. Lo que no es medible o fácilmente observable son los hábitos concretos en el uso personal y anónimo en internet y que se potencia con los dispositivos móviles.

Más difícil de medir es el impacto que dicho uso genera en la mente de cada persona o en su forma de pensar, entendiendo que cada circunstancia es totalmente diversa, pero haremos algunas observaciones acerca de estudios estadísticos sobre el tema.

A pesar de estas dificultades es importante, como se verá, tomar como objeto de estudio el comportamiento y hábitos individuales y sociales de las personas que usan inadecuada o compulsivamente internet para ver pornografía y practicar cibersexo.

Otra limitante de cualquier trabajo sobre el tema tiene que ver con el hecho de que para delimitar el comportamiento "normal" o "inadecuado" de los seres humanos se debe recurrir a comparaciones, usos, contextos individuales, cultura, ciencias, en la búsqueda de la verdad y, aun en mayor grado, en el caso de la labor del juzgador, que requiere de la certeza moral.

Desde un punto de vista canónico, el consentimiento, como es sabido, es la causa eficiente del matrimonio, pero el amor conyugal y, por lo tanto, la sexualidad conyugal, es el objeto al que dicho consentimiento debe dirigirse, o de lo contrario se estaría hablando de otro tipo de alianza, pacto o relación.

Por lo anterior, además de determinar si el uso inadecuado y compulsivo de internet para ver pornografía o participar en "cibersexo" constituyen causas incapacitantes del consentimiento matrimonial, debemos revisar si existe un error, distorsión, simulación o dolo en dicho consentimiento.

Habrá que distinguir lo que es una sexualidad humana "normal" de la adicción al sexo o de las psicopatologías o parafilias sexuales. Tendremos que distinguir entre usos ocasionales o "normales" (obviamente, en el sentido no moral, sino de que no presupone un desorden psíquico) de pornografía y de cibersexo, de los usos compulsivos, adictivos y de los usos incapacitantes. También deberemos establecer si determinadas adicciones constituyen psicopatologías que confirman un trastorno mental o simplemente estamos hablando de una transformación de los hábitos humanos y de su conceptualización de la sexualidad.

Partimos del principio de que la causa eficiente del matrimonio es, como se ha dicho, el consentimiento, entendido como tal: "El acto de la voluntad por el cual el varón y la mujer se entregan y aceptan en alianza irrevocable para constituir el matrimonio" (canon 1057, 2), que realizan conjuntamente los dos esposos. Lo propio del acto de consentir es la voluntad de los cónyuges, no sólo de amarse o de permanecer unidos, sino de constituir un vínculo, una relación que proviene del hecho de que, con el consentimiento, los cónyuges deciden dar debidamente (en justicia) lo que antes era gratuito: el amor, que ahora es calificado de conyugal.[1]

Este consentimiento, considerado como un acto humano, exige el uso directo de la inteligencia y de la voluntad. La voluntad debe ser ejercida libremente y la inteligencia acorde con el objeto al que se dirige. Es además un acto jurídico, ya que los contrayentes disponen de sí mismos en lo conyugable, y constituyen esa sociedad jurídica llamada matrimonio.[2]

Por tratarse de un acto humano cualificado, los contrayentes no deben ignorar que el "matrimonio es un consorcio permanente entre un varón y una mujer, ordenado a la procreación de la prole mediante cierta cooperación sexual"

1 M. A. Ortiz (2015). "El principio consensual en el derecho matrimonial canónico", en *Apuntes del curso Consentimiento Matrimonial*, tema 1, UNIR, pp. 3-6.

2 P. J. Viladrich (2004). "El amor conyugal entre la vida y la muerte. La cuestión de las tres grandes estancias de la union", en *Ius Canonicum*, XLIV, núm. 87, p. 52.

(canon 1096, 1), sino también poseer la capacidad de valorar críticamente el significado de su entrega y aceptación en lo conyugable, querer realizar dicha entrega y aceptación, y asumir efectivamente aquello en lo que se consiente. Es decir, se requiere de capacidad de entender el matrimonio, la voluntad de quererlo y la posibilidad de entregar y recibirse como esposos.[3]

No es suficiente el otorgamiento del consentimiento sobre las obligaciones y derechos del matrimonio, como cláusulas de un contrato, sino como la aceptación y entrega de cada uno de los contrayentes a una alianza de vida y amor permanente, a la que están llamados naturalmente. De tal manera que cada uno de ellos se convierte en el esposo y la esposa. Los contrayentes quieren, y es el objeto de su consentimiento, al otro como esposo, e igualmente se entregan como esposos, según lo que esto significa en el plano de la naturaleza. Siendo el consentimiento la causa del vínculo que produce la unidad en las naturalezas y, por lo tanto, esta unidad es un vínculo de derecho natural.[4]

En el caso de un uso compulsivo, adictivo de la pornografía y el cibersexo en internet, nos enfrentamos no solamente al problema de la incapacidad de otorgar un consentimiento válido para el matrimonio, sino también a la gravedad de la materia que dichas adicciones o comportamientos compulsivos implica: "La sexualidad humana" que,

---

[3] J. Ferrer (1999). "La capacidad para el consentimiento válido y su defecto (can. 1095), en *Ius Canonicum*, volumen especial, pp. 633-644.

[4] J. Hervada (1982). "Esencia del matrimonio y consentimiento matrimonial", en *Persona y Derecho*, 9, pp. 149-179. Recuperado de: http://dadun.unav.edu/handle/10171/12026

como apuntamos brevemente, es el centro del objeto del consentimiento matrimonial.

Sin embargo, nos enfrentamos al problema de discernir si estas adicciones o comportamientos compulsivos verdaderamente pueden considerarse como defecto, anomalía o "causa de naturaleza psíquica" que incapaciten a la persona o, simplemente, como una actividad moralmente reprobable.

Resulta difícil concebir cómo alguien en su intimidad viva una sexualidad animal, buscando la satisfacción de una pulsión individual, egoísta e, inclusive, cosificando o utilizando a otras personas como objeto de su impulso, y al mismo tiempo dicho individuo sea capaz de entregarse conyugalmente como esposo o esposa.

Se dan, de igual manera, en el desarrollo del presente trabajo datos y reflexiones sobre cómo las adicciones a la pornografía y al cibersexo destruyen la identidad y personalidad de los niños y adolescentes, la comprensión de una sexualidad humana bien orientada conforme a su naturaleza e, inclusive, datos sobre cambios neurológicos y cómo en algunos casos han generado impotencia sexual temporal.

No obstante, procuraremos no alejarnos del argumento central de cómo las adicciones al cibersexo y a la pornografía en internet impiden, incapacitan, generan error o simulación en las personas, dando lugar a alguna de las causales de nulidad matrimonial conforme al derecho canónico.

Vale la pena apuntar que cualquier matrimonio goza de la presunción de validez, pues se considera que, en tanto no se pruebe lo contrario, quien celebra el matrimonio puede y quiere hacerlo, pues contraer matrimonio constituye un acto hacia el que inclina la naturaleza. Se presume que quien se casa lo hace con la libertad mínima suficiente y está en condiciones de entender lo que significa ser esposo y comportarse como tal.

El derecho canónico considera que la mayoría de las personas se entregan como cónyuges (de acuerdo con la inclinación natural hacia la que tiende la condición masculina y femenina de la persona), y en consecuencia otorgan su consentimiento (pacto de donación conyugal) a no ser que sus capacidades intelectivas y volitivas resulten gravemente dañadas, causando que la persona no esté en condiciones de percibir la realidad conyugal y de comprometerse respecto de los fines propios del matrimonio.[5]

Trataremos de mantener como límites a las consideraciones de falta o gravedad de discreción de juicio, los apuntados por el Magisterio, en cuanto a que debe existir una "seria anomalía que, cualquiera que sea su denominación, afecte sustancialmente la capacidad de entender y/o querer del contrayente",[6] e igualmente, en relación con la incapacidad de asumir las obligaciones esenciales del matrimonio, que "debe quedar claro el principio de que sólo la incapacidad y no simplemente la dificultad para prestar el consentimiento y para realizar una verdadera comunidad de vida y amor hace nulo el matrimonio".[7]

La prueba de la incapacidad consensual, precisamente por tratarse de materia en la que confluyen diversas ciencias y perspectivas, requiere de ordinario, de la intervención de

---

5 Cfr. M.A. Ortiz (2015). "El principio consensual en el derecho matrimonial canónico", en *Apuntes del curso Consentimiento Matrimonial*, tema 1, UNIR, pp. 3-6.

6 Juan Pablo II, Discurso al Tribunal de la Rota Romana 5.2.1987, núm. 7, en w2.vatican.va

7 *Ibidem*.

un perito (psicólogo o psiquiatra) que arroje luz acerca del estado de las facultades psíquicas del sujeto en el momento de la celebración del consentimiento, por lo que desde un punto de vista práctico, nos ceñiremos a las directrices del canon 1678, CIC y al artículo 203 de la *Dignitas connubii,* en cuanto a que en casos de incapacidad consensual siempre requerirá de la correcta valoración de la prueba pericial para lograr la certeza moral en el juzgador.

Por último, aprovecho la ocasión para agradecer a José María Vázquez García Peñuela por haberme invitado a escoger este tema de investigación, y tener la humildad y sencillez de ayudarme con muy sabios comentarios y consejos. Igualmente, agradezco a Javier Ferrer Ortiz por haberme persuadido para que aprovechara la ocasión y que este trabajo versara sobre un tema jurídico canónico.

Capítulo I

Internet, la nueva forma de comunicación y relación interpersonal

1. Internet y teléfonos móviles, como nuevas formas de comunicación y de interrelación personal

A partir del desarrollo de la alta velocidad en internet y de la posibilidad de su acceso desde los teléfonos móviles, el nombre del juego y los problemas que se presentan tomaron una nueva dimensión y rumbos insospechados.

El Banco Mundial presentó cifras al 2014 en relación con a infraestructura en abonados a internet por banda ancha fija (por cada 100 personas),[1] y abonados a teléfonos móviles (por cada 100 personas).[2]

Las cifras estimadas de acceso a internet de banda ancha (alta velocidad) nos otorgan una dimensión del fenómeno

---

[1] Banco Mundial. Unión Internacional de Telecomunicaciones, Informe sobre el Desarrollo Mundial/TIC de las Telecomunicaciones y estimaciones del Banco (http://datos.bancomundial.org/indicador/IT.NET.USER.P2/countries/1W?display=graph).

[2] Banco Mundial. Unión Internacional de Telecomunicaciones, Informe sobre el Desarrollo Mundial/TIC de las Telecomunicaciones y estimaciones del Banco (http://datos.bancomundial.org/indicador/IT.CEL.SETS.P2/countries/1W?display=graph).

que está enfrentando a la humanidad. El 40.7% de todos los habitantes del planeta tienen acceso a internet de banda ancha fija. Hay países en el mundo donde la penetración del acceso a internet es muy alta (Estados Unidos 87.4%, Reino Unido 91.6%, España 76.2%, Rusia 70.5%, Italia 62%, del total de la población), en otros países es un poco menor, pero cuentan, también, con una población vasta conectada (Brasil 57.6%, Venezuela 57%, China 49.3%, México 44.4%), y otros con menor acceso, pero con franco crecimiento en los últimos años (India 18 por ciento).

En cuanto a teléfonos móviles, según los datos del Banco Mundial, a 2014 existen 7 010 miles de millones de teléfonos móviles en el mundo, es decir, más teléfonos que habitantes en el planeta. No todos los teléfonos móviles dan a sus usuarios la capacidad de acceso a internet, pero la tecnología que permite que todos los teléfonos tengan acceso a internet ya existe, y depende del usuario, el pago y uso de dicha tecnología. En algunos países las cifras exceden por mucho el número de habitantes (Estados Unidos 110%, Reino Unido 124%, España 108%, Rusia 155%, Italia 154% del total de la población), en países con acceso medio a internet de banda ancha fijo, las cifras de teléfonos móviles son muy altas (Brasil 139%, Venezuela 99%, China 92%, México 82%), y los de bajo acceso a internet de banda ancha fijo, tienen una penetración de teléfonos móviles alta para su población (India 74 por ciento).

De acuerdo con el reporte preparado por el Instituto Nacional de Estadística y Geografía de México (Inegi), con motivo del día de internet (17 de mayo de 2016), con respecto a cifras del año 2015, el 57.4% de la población se declaró usuario de internet, es decir, 39.2% de los hogares del país tienen acceso a la red de banda ancha fija, y 73.6% de sus cibernautas tienen entre 6 y 35 años de edad (53.9% del total de los niños de entre 6 y 11 años, 85.9% de los jóvenes de entre 12 y 17 años, 83.1% de jóvenes entre 18 y 24 años, y 71.1% de adultos de 25 a 34 años utilizan internet).[3]

Adicionalmente, se reporta que 77.7 millones de personas utilizan un teléfono móvil, dos de cada tres son teléfonos inteligentes *smartphones* (con acceso a internet móvil), es decir, 51.8 millones de teléfonos móviles con internet, de los cuales 86.4% declaran que utilizan internet diariamente.

Igual de interesantes resultan los datos de uso de internet en México. Según el reporte del Inegi, 88.7% lo utiliza para obtener información, 71.5% para acceder a redes sociales, 84.1% para comunicarse, 56.6% para apoyar la educación, 71.4% para entretenimiento y 76.6% para acceder a contenidos audiovisuales. El 91.1% reconoce utilizarlo de uno a siete días a la semana, 7.3% una vez al mes y 1.6% con menor frecuencia.

Utilizando el ejemplo de México, podríamos argumentar que internet hoy es una nueva forma creciente de comunicación, y que más de la mitad de la población la utiliza todos los días. Adicionalmente, es una forma de comunicación y de interrelación para los jóvenes desde los 6 años de edad hasta los 35, principalmente.

---

[3] Instituto Nacional de Estadística y Geografía (Inegi) (2016). Estadística a propósito del día internacional de internet (17 de mayo), Aguascalientes, México. Disponible en http://www3.inegi.org.mx/sistemas/saladeprensa/noticia.aspx?id=2650

Cabe, pues, cuestionarse si hoy internet es el medio más grande de intercomunicación y de relaciones personales en el mundo, o si hacia esa realidad nos dirigimos.

La internet ha irrumpido en nuestras vidas de manera inquietante, principalmente porque permite a la persona estar permanentemente comunicada a distancia y sin la discriminación natural del interlocutor o de las circunstancias. Es decir, al permitirnos comunicarnos en cualquier lugar, en todo momento y a gran velocidad, causa que la persona pretenda estar en diversos lugares a la vez. Por ejemplo, estoy en una comida con mi familia, y al mismo tiempo tengo una conversación en mi móvil, por chat, con uno o varios amigos a miles de kilómetros de distancia, y al mismo tiempo acceso datos de los resultados deportivos de mi interés y apuesto al caballo de mi preferencia en una carrera en otro continente, también obtengo la ubicación geográfica de mi hijo que viene tarde a la comida y pago en el banco mi hipoteca, me disculpo y voy al baño un momento, para brevemente ver un clip de una nueva *pornostar* que me enviaron por WhatsApp, todo en un lapso de 15 minutos. Adicionalmente, puedo realizar todas estas comunicaciones e interacciones por un módico precio, y puede ser que esta forma de relaciones personales sea accesible para la mayoría de gente, sin discriminación de posición social.

Esta nueva forma y medio de relacionarnos es muy potente, y requiere de una madurez en la persona para poder "discriminar" el medio. Es decir, no toda persona puede fácilmente apagar su dispositivo móvil y seguir la conversación sin caer en la tentación de atender otros asuntos, posibilidad que brinda este medio.

Valdría la pena ahora analizar, en qué consistiría un uso inadecuado o compulsivo de internet, y los aspectos psicológicos y de comportamiento humano de esta nueva forma de intercomunicación y de relaciones personales.

2. Efectos de la nueva forma de comunicarnos y relacionarnos

Ciberpsicología

Es interesante analizar qué efectos en el comportamiento y en la mente genera en la persona esta nueva forma de comunicación y relación personal.

Recientemente se utiliza el término "ciber-psicología" en referencia a una rama de la psicología y la sociología que estudia la relación de las personas y las herramientas de tecnología digital de la comunicación, y los efectos que esta relación tiene en la persona.

A partir del año 2004, el profesor John Suler (profesor de Psicología en la Universidad Rider en Princeton, Estados Unidos), acuñó el término *online desinhibition effect*, o "efecto de desinhibición por comunicación online", que consiste en describir seis rasgos que genera en la persona la comunicación utilizando internet y los medios electrónicos.[4] Los conceptos se explican a continuación.

---

[4] D. L. Delmonico, E. J. Griffin (2011). "Cybersex Addiction and Compulsivity", en internet Addiction. A Handbook and Guide to Evaluation and Treatment, Kimberly S. Young, Cristiano Nabuco de Abreu, John Wiley & Sons, Inc., 2011, pp. 266-282.

No me conoces / No me puedes ver

Estos conceptos tienen que ver con el efecto del anonimato en las relaciones, y cómo impacta su comportamiento. En el mundo anónimo en línea no se tiene una verdadera relación personal, sino una relación anónima/virtual, con una imaginación de la persona, que puede ser un "personaje".

En el mundo anónimo en línea, las personas experimentan y exploran con la sexualidad más allá de lo que se sentirían cómodos en la realidad. Cuando la persona separa sus acciones de su identidad, se siente menos responsable por dichas acciones.

Hasta luego

Este concepto está relacionado con el efecto que produce la sensación de evitar las consecuencias de una relación o situación incómoda en línea, por el solo hecho de apagar la aplicación o apagar la computadora. Cuando el individuo siente que es fácil escapar a las consecuencias de su actuar, asume mayores riesgos que los que haría en la vida normal. En materia sexual, esto se traduce en experimentar en situaciones más riesgosas y extremas.

Todo está en mi mente / Solamente es un juego

Estos dos conceptos combinados alimentan el mundo de la fantasía, llamado "mundo virtual". La línea entre la realidad y la fantasía se va desdibujando en el sujeto, y en ocasiones es difícil de diferenciar para el usuario. En materia de comportamiento sexual, esta línea se borra aún más y genera percepciones o comportamientos desorientados.

La persona juega y se imagina la realidad, construye su propia realidad utilizando los medios a su alcance para comportarse sexualmente en línea.

Somos iguales

En el mundo real existen jerarquías que definen y limitan las acciones y los roles de las personas en las relaciones humanas, en internet no, dejando a la persona sin reglas, marco o normas de cómo comportarse y los límites de las relaciones. Todos son iguales en internet, sin importar ingreso, raza, credo, sexo, edad o situación física.

Estos conceptos, distorsionan la personalidad de cada individuo, ya que por un lado toda persona está condicionada por la realidad de sus circunstancias, y está enclavada en una realidad social que limita su actuar y sus relaciones, pero por otro, en el mundo virtual, desaparecen esos límites y la persona se convierte en el personaje que mejor le plazca, en donde no hay reglas, límites, marcos ni ley.

El ser humano hoy se mueve en esas dos realidades, en la realidad, y en la "realidad virtual", y pensemos por un momento que cualquier persona con un grado de madurez pueda reconocer la diferencia entre estas dos realidades y maneras de relacionarse. Pero no será así de fácil en las nuevas generaciones. El ser humano requiere de la experiencia de vida para ir entendiendo y ajustándose a la realidad que le ha sido dada. Nacemos en una familia, encontramos nuestro lugar y aprendemos a respetar los roles que cada quien sigue: el padre, la madre, los hermanos, el concepto de propiedad, el trabajo, la bondad, el amor, el cariño y la sexualidad.

Se nos da una realidad histórica y geográfica que aprendemos y entendemos, pero cuando participamos en "otra realidad", una "realidad virtual", en donde somos más felices no hay límites, nosotros imponemos las reglas, todo es nuevo, no existe la frustración y todo es inmediato, se genera una distorsión, y los jóvenes prefieren pasar más tiempo en la "realidad virtual", que tiene semejanzas remotas con la "realidad real", pero cada vez les cuesta más trabajo distinguir entre una y otra, y aprender a relacionarse en la realidad, que es la que verdaderamente impacta sus vidas.

Realmente no podemos hacer la afirmación generalizada de que el uso de internet con las formas descritas y con los efectos creados en la persona, se convierta en un "uso inadecuado" del medio. Es más correcto afirmar que depende de cada individuo y sus circunstancias determinar si el uso es adecuado o inadecuado, de si puede propiciar vicios, distorsiones o hasta adicciones.

Durante las últimas dos décadas se desarrollaron diversos *tests* o pruebas para tratar de definir el uso inadecuado de internet, y hasta para diagnosticar una posible "adicción" a internet. Sin embargo, la comunidad médica psiquiátrica y psicológica del mundo no ha asumido, o ha dejado de hacerlo, el uso inadecuado o adictivo de este medio como una patología o anormalidad.

En mayo de 2013, la Asociación Americana de Psiquiatría, en la revisión y nueva edición de su *Manual diagnóstico y estadístico de los trastornos mentales* DSM-5, que es el más consultado para diagnosticar desórdenes y trastornos mentales, eliminó el concepto "trastorno de adicción a internet" (IAD, por sus siglas en inglés), como trastorno mental, o como una adicción psicológica. Se relegó el IAD a un anexo del manual DSM-5 para ser estudiado en el futuro. Exclusivamente se mantuvo como un trastorno diagnosticable la "adicción al juego en internet" como una variante de "compulsión al juego".

Es importante mencionar, que el DSM-5 cambió también su lenguaje, y "ya no se habla de adicciones en general, sino de usos desordenados de sustancias" o "dependencia de sustancias" y "desórdenes adictivos". Finalmente, se alejaron de utilizar la palabra "adicciones", y de un plumazo se evita la posibilidad de diagnóstico de "adicciones o dependencias psicológicas" como trastornos mentales.

Hasta ese momento, el IAD se consideraba como "el uso excesivo, problemático y/o patológico de internet, a través de diversos dispositivos (computadoras, teléfonos, tabletas, etc.), que interfiere con la vida diaria".

Por su parte, en mayo de 1990, la Organización Mundial de la Salud publicó la décima revisión a su catálogo Clasificación Estadística Internacional de Enfermedades y Problemas Relacionados con la Salud, llamada CIE-10, donde se determina la clasificación y codificación de las enfermedades y una amplia variedad de signos, síntomas, hallazgos anormales, denuncias, circunstancias sociales y causas externas de daños y/o enfermedad; es decir, es un tipo de colección y clasificación internacional de lo que se considera la falta de salud física y mental.

Llamativamente, tampoco en el CIE-10 se contiene una clasificación o referencia a la adicción a internet.

Las comunidades psiquiátrica y psicológica del mundo se sienten más cómodas defendiendo la postura de que el uso desordenado de sustancias, de internet o del juego, no son en sí mismos trastornos de la mente, sino que dichas dependencias o usos desordenados dan lugar a otros trastornos mentales que sí son diagnosticables.[5]

Ahora bien, aun alejándonos de la opinión de los expertos psiquiatras y psicólogos del mundo y con la opinión de que sí existe una adicción al uso de internet, pensamos que el diagnóstico de dicha adicción resulta complicado, por varias razones. A diferencia de las adicciones a sustancias que generan una dependencia química fisiológica, la adicción a internet no genera dicha dependencia química fisiológica (más adelante trataremos este tema con la exposición de nuevas teorías al respecto). El abuso o uso inadecuado de internet se puede "enmascarar" en lo práctico y útil, e incluso en lo divertido que resulta este medio en la vida diaria. El abuso de sustancias como el alcohol y otras drogas son obvios en la vida cotidiana e impactan en la capacidad de operar normalmente de los individuos, cuando el abuso de internet se puede enmascarar más fácilmente, y los efectos devastadores del abuso de este producto pueden derivar en otros trastornos de la persona (depresión, ansiedad, bipolaridad, comportamiento obsesivo compulsivo, trastornos alimentarios, etc.), difícilmente un paciente se acerca a un psiquiatra o psicólogo pidiendo que lo traten por adicción a internet o por usar mucho o poco los medios digitales.

El diccionario de la Real Academia Española define adicción como "Dependencia de sustancias o actividades

[5] Conviene recordar que desde 1973 las comunidades psiquiátrica y psicológica del mundo abandonaron a la homosexualidad como trastorno o desorden mental y, sin embargo, la homosexualidad es tratada como una causa de nulidad matrimonial en aquellos casos que se presenta una incapacidad de asumir las obligaciones esenciales del matrimonio por trastornos mentales o por impotencia funcional.

nocivas para la salud o el equilibrio psíquico; afición extrema a alguien o a algo".[6]

La ciencia no considera la dependencia de actividades nocivas para el equilibrio psíquico como una anomalía o trastorno mental, y prefiere estudiar y diagnosticar el daño o nocividad causada que la dependencia como tal. Existe una tendencia en la cual las actividades realizadas compulsivamente y sin control se consideran normales, aun cuando causan desequilibrio o daño mental.

Existen estudios recientes que pretenden evaluar la adicción a internet como causa de otros problemas psicológicos o de comportamiento social, en los que se muestra a dicha adicción —descrita como un comportamiento adictivo—, como compulsión, que da lugar a sentimientos de inseguridad, de baja autoestima, disfuncionalidad social, aislamiento, evasión de la realidad, que aunque no resultan conclusivos, no dejan de ser alarmantes.[7]

3. La sexualidad humana, distorsiones y el sexo sin amor

El sexo hoy

El mundo contemporáneo, con frecuencia, considera la sexualidad humana exclusivamente desde un punto de vista fisiológico o biológico, incluyendo la masturbación y la

[6] Real Academia Española (2016). *Diccionario de la lengua española*. Madrid: Espasa. [16/05/2014]. Acceso en: www.dle.rae.es

[7] Cfr. M. Orgilés, J.A. Piqueras, J.P. Espada y E. Torrente (2014). "Asociación de la adicción a internet con la ansiedad social y la falta de habilidades sociales en adolescentes españoles", *Terapia Psicológica*, pp. 175-183.

fornicación como prácticas sexuales sanas y normales. Ha relegado a la medicina y a la psicología la medición y el impacto que la sexualidad humana genera en la funcionalidad de la persona.

La sexualidad conceptualizada exclusivamente como un acto fisiológico o biológico se considera "normal" o "funcional", pero no existe un límite o parámetro en cuanto a dicha "normalidad" y, por lo tanto, se genera una distorsión de conceptos.

La medicina y la psicología tratan de describir y medir el impacto de los actos sexuales en la vida cotidiana de las personas y su funcionalidad social, y catalogan los diversos comportamientos como posibles causas de disfuncionalidades sociales, pero ya no de los parámetros de "normalidad" o "anormalidad".

Los nuevos parámetros o límites son los que se establecen "legalmente" y, por lo tanto, si un comportamiento sexual está prohibido o penado por la norma civil, se tiende a considerar socialmente como un acto "anormal".

De tal manera que la ley civil, expresada como norma por el consenso de las mayorías, determina la normalidad o anormalidad de la sexualidad humana.

Por el momento, la pedofilia, el incesto, el sexo entre parientes (hasta el tercer grado) y cualquier acto de abuso o explotación sexual y pornográfica donde aparezcan menores se considera "anormal".

Pero la homosexualidad, la hipersexualidad, el sadomasoquismo consentido, el voyeurismo, la transexualidad, el exhibicionismo sin presencia de menores, la adicción a la pornografía en la que no se muestren menores de edad, y el cibersexo que no involucre a menores, son comportamientos "normales", por que son lícitos.

Los límites de la sexualidad que están dados por la propia naturaleza humana, sufren una distorsión, un reblandecimiento y, por lo tanto, la naturaleza humana se convierte en una frontera moral, en unos límites impuestos por las "creencias" de las personas, un asunto de religiones.

Es decir, si el Magisterio de la Iglesia considera como "anormal" la masturbación y la fornicación, las relaciones prematrimoniales, alguna parafilia, fobia o psicoanomalía sexual, se dice que es un asunto moral y religioso, relegado a la conciencia de cada persona.

Desde este punto de vista, se comprende que la masturbación es la manipulación de los órganos sexuales externos y zonas erógenas con la intención de generar placer, incluyendo la obtención de un orgasmo, es decir, el culmen de tal placer, con unas determinadas manifestaciones corpóreas. La masturbación es un acto de obtención de placer, pero no es, en sentido propio, un acto de sexualidad humana, ya que no implica la "entrega del cuerpo y la intimidad al otro".

Igualmente, la fornicación, sin la entrega de la persona o sin el "acto de amor", es aquel suceso en que cada uno de los participantes busca su placer individual, pero no el bien del otro.

Sexualidad humana

El acto sexual implica a la persona como persona, en todas sus dimensiones, y no puede considerarse simplemente un acto biológico sin consecuencias en el espíritu. Hoy, en muchos ambientes parece que la sexualidad consiste en involucrar mi cuerpo, pero no involucrar a mi persona, realizo determinadas acciones corporales para obtener placer, por ejemplo, a través de la masturbación, pero no involucro mi persona.

La masturbación y la fornicación no deberían considerarse actos de sexualidad normales, ya que son actos sin la entrega, donación o amor de la persona, que naturalmente requiere una sexualidad humana, distinta de la sexualidad animal.

La sexualidad humana no es sexualidad animal, es esencialmente diferente, ya que implica a personas, a seres racionales y relacionales. El ser humano no puede actuar como animal, todo en él es humano, incluyendo su sexualidad, que implica a su persona en cuerpo y espíritu. No se puede ver en la conducta sexual humana exclusivamente los resultados de unos estímulos fisiológicos y biológicos.[8]

Los actos sexuales humanos, por ser humanos, participan a su modo de la dignidad que la persona que los realiza, e implican a quien los efectúa. Deben ser actos responsables, en los que la persona asume las consecuencias o de lo contrario serían actos animales, sin ejercicio de la libertad y la inteligencia.

El ser humano, siendo animal, comparte los instintos naturales, como la pulsión sexual, que se produce al margen de la voluntad, pero en el hombre no se puede llamar instinto propiamente, porque se sitúa básicamente en el ámbito de la libertad humana y es susceptible de ser gobernada por la voluntad.[9]

---

[8] A. Sarmiento (2000). *El matrimonio cristiano* (3a. ed.), EUNSA, *Online*. ProQuest Ebook. Consultado el 4 de mayo de 2016, p. 42.

[9] J. Carreras (2015). "El amor y las relaciones familiares", en *Apuntes del curso Antropología del Matrimonio y de la Sexualidad*, tema 6, UNIR, pp. 10-15.

El ser humano no es un ser aislado y solitario. No es un ser más entre todas las cosas que existen. Tampoco el ser humano es un espíritu o ente racional encerrado en sí mismo y sobre sí mismo. Siente realmente su ser corporal, tiene conciencia clara de su existencia y que dicha existencia está condicionada por su cuerpo y, a través de él, de la posibilidad de comunicarse con los demás. Se realiza en la medida en que entra en contacto con el mundo y se relaciona con el resto de la humanidad.[10]

El varón y la mujer deben integrar el impulso sexual que él y ella experimentan a nivel fisiológico, en una instancia superior, que es la afectiva o "erótica". Es decir, nos atrae sexualmente una persona, no un objeto, y el ser humano, por su voluntad, dirige dicha pulsión sexual hacia una persona. Ordinariamente, un cuerpo desnudo, una escena con contenido sexual generan el instinto fisiológico, la excitación, pero la voluntad dirige ese instinto y esa excitación hacia una persona y se convierte en un deseo erótico hacia ella.

Es importante recordar que del otro lado de la pulsión sexual (del "eros") también se encuentra otra persona, con la que debe existir comunicación de ese afecto, de esa atracción. Esa otra persona, también en el ejercicio de su voluntad dirige su afecto, lo manifiesta y entonces ya existe a partir de ese momento la aceptación mutua de la expresión sexual, del don de sí mismos.

La atracción sexual, para ser humana, debe estar integrada en la afectividad de los amantes y, a diferencia de la sexualidad animal, la humana se dirige a la persona del sexo opuesto que se considera la adecuada, o mejor dicho, la idónea, pero también la que está dispuesta a recibir dicha

---

[10] Cfr. A. Sarmiento (2000), *op. cit.*, p. 43.

entrega, y recíprocamente, a entregarse. Desde este punto de vista, se ha afirmado que la sexualidad humana es "transbiológica", porque tiene su significado más profundo en el nivel de la relación conyugal, en el nivel de relación interpersonal.[11]

A este respecto, san Juan Pablo II, expresó con gran lucidez:

> La sexualidad, mediante la cual el hombre y la mujer se dan uno a otro con los actos propios y exclusivos de los esposos, no es algo puramente biológico, sino que afecta al núcleo íntimo de la persona humana en cuanto tal. Ella se realiza de modo verdaderamente humano, solamente cuando es parte integral del amor con el que el hombre y la mujer se comprometen totalmente entre sí hasta la muerte. La donación física total sería un engaño si no fuese signo y fruto de una donación en la que está presente toda la persona, incluso en su dimensión temporal; si la persona se reservase algo o la posibilidad de decidir de otra manera en orden al futuro, ya no se donaría totalmente.[12]

Es decir, la sexualidad humana, para ser humana debe ser entre amantes, por un acto de donación voluntaria de sí mismo y una aceptación de la persona íntegra e íntima del otro. La sexualidad humana es la expresión más grande del amor entre un hombre y una mujer, si se entiende de esta manera.

---

[11] Cfr. J. Carreras (2015). "El amor y las relaciones familiares", en *Apuntes del curso Antropología del Matrimonio y de la Sexualidad*, tema 6, UNIR, pp. 10-15.

[12] Juan Pablo II, "Audiencia General", 16.I.1980, núm. 5. Disponible en w2.vatican.va, consultado el 18/V/2016.

También es conveniente aquí recordar cómo san Juan Pablo II expresó: "El significado esponsalicio del cuerpo humano se puede comprender solamente en el contexto de la persona. El cuerpo tiene su significado esponsalicio porque el hombre-persona es una criatura que Dios ha querido por sí misma y que, al mismo tiempo, no puede encontrar su plenitud si no es mediante el don de sí".[13]

4. ¿Qué son el cibersexo, la pornografía en internet y la adicción a ellos?

Aunado a la distorsión de la visión de la sexualidad humana, se presenta la problemática adicional del oscurecimiento de la razón generado por la distinción entre la realidad y la realidad virtual que se pueda dar, como se expuso antes, en el uso indiscriminado de internet, principal, aunque no exclusivamente, en la mente de los más jóvenes.

La adicción a la pornografía en internet y el cibersexo son dos subclases de una misma adicción a internet, junto con la adicción al juego de apuestas, y a los videojuegos, pero también se podría considerar a la adicción a la pornografía y el cibersexo como dos subclases de psicoanomalías relacionadas con la hipersexualidad o adicción al sexo.

Pornografía en internet o ciberporno

Hay varias definiciones de pornografía, entre ellas: "presentación abierta y cruda del sexo que busca producir

[13] Real Academia Española (2016). *Diccionario de la lengua española*. Madrid: Espasa. Disponible en http://www.dle.rae.es. Consultado el 16 de mayo de 2014.

excitación";[14] "al género y al material que contiene y reproduce en cualquier formato (gráfico, visual) y actos, o relaciones sexuales de tipo explícito con el objetivo de despertar en el espectador o lector excitación y estimulación sexual",[15] "la representación visual de la sexualidad que distorsiona la concepción del individuo de las relaciones conyugales"[16] o simplemente como una "representación visual de contenido sexual explícito".

La pornografía en internet abarca en su totalidad la que se distribuye a través de las distintas tecnologías sobre las que se apoya este medio, principalmente sitios web, redes sociales, aplicaciones específicas. Aunque la pornografía haya formado parte de internet desde 1980, fue a partir del invento de la World Wide Web, en 1991, que se acresentó; es decir, la red integrada por sitios web, así como la apertura de internet al público general, fue lo que condujo a una explosión de la pornografía en línea.[17]

Al igual que las cintas de video y los DVD, internet se ha hecho popular en la distribución de pornografía porque permite que la gente la consuma de forma anónima en el confort y privacidad de sus hogares, en el trabajo y, a partir del acceso a internet móvil, en cualquier lugar. Por otro lado, también permite la introducción a la pornografía a

[14] Real Academia Española (2016). *Diccionario de la lengua española*. Madrid: Espasa. Disponible en http://www.dle.rae.es. Consultado el 16 de mayo de 2014.

[15] Definición ABC. 2016. Disponible en http://www.definicionabc.com/general/pornografia.php. Consultado el 16 de mayo de 2014.

[16] P. F. Fagan (2009). "The effects of pornography on individuals, marriage, family and community", en *Research Thesis*, Family Research Council, Washington, D.C. Disponible en www.frc.org

[17] Pornografía en internet, en Wikipedia. Disponible en https://es.wikipedia.org/wiki/Pornograf%C3%ADa_en_internet

gente cuyo acceso estaría restringido legalmente, por condiciones sociales, por edad o por ubicación.[18]

La relación entre pornografía e internet ha ayudado en el desarrollo de este medio. Por su gran demanda y novedades pornográficas se crearon y popularizaron nuevas tecnologías, entre las que destacan el *streaming* de audio y video, la geolocalización, los distintos sistemas de pago o la validación de usuarios frente a software automatizado.[19]

Cibersexo

El cibersexo, también llamado "sexo por internet", *netsex*, *cybering*, *sexting*, es un encuentro de contenido sexual en el que dos o más personas se conectan vía remota utilizando una computadora o un dispositivo móvil a través de internet, usando mensajes específicos de actos sexuales o describiendo una experiencia de naturaleza sexual. En una de sus formas, esta fantasía sexual se acompaña de la descripción que hacen los participantes de sus acciones y/o una descripción física de ellos, y respondiendo a la otra u otras partes de forma escrita, principalmente de manera que se logre estimular una sensación, pulsión o fantasía sexual.[20]

El cibersexo incluye la masturbación real de los participantes, pero no forzosamente es así en todas las ocasiones. La calidad del encuentro depende en gran medida de su capacidad de evocar, describir y crear una imagen vívida y mental de su pareja o de la situación excitante. En algunos

---

18 *Ibid.*

19 *Ibid.*

20 Cibersex, en Wikipedia. Disponible en https://en.wikipedia.org/wiki/Cybersex

casos, se utilizan webcams para transmitir video en tiempo real de los consumidores.[21]

Existen un número grande y variado de sitios de internet dedicados al cibersexo y a otro tipo de juegos eróticos en el que los participantes interactúan en un mundo virtual, creando su propio personaje que viaja e interactúa con el resto de los personajes en busca de la aventura cibersexual, que ocurre en privado o en público en este mundo virtual.[22]

Existe un número creciente de sitios web en los que se buscan parejas para propiciar una relación de cibersexo, posteriormente, y dependiendo de la experiencia, tener la relación en el mundo real, ya sea con personas dedicadas a la prostitución u otras.

A raíz de la capacidad de transmitir videoimágenes en tiempo real, se ha generado un creciente número de personas que ofrecen realizar exhibiciones de actividades sexuales, de manera individual o en grupo, y cobrando por el acceso a dichas sesiones, mediante tarjetas de crédito o débito, u otras nuevas formas de pagos en línea.

El uso del cibersexo está directamente relacionado con el *online desinhibition effect*, del que hablamos anteriormente, en cuanto a que implica una interacción humana anónima, sin responsabilidad, en donde no hay jerarquías ni reglas, en donde entro y salgo sin consecuencias.

Un problema reportado recientemente es el de personas que participan en lo que se conoce como redes sociales (Facebook, Instagram, Twitter, Snapchat, entre otros), medio donde buscan inducir a menores de edad en la práctica del cibersexo. Lo anterior se debe en adición al efecto

[21] *Ibid.*

[22] *Ibid.*

anónimo de internet y al de la necesidad de innovación y de búsqueda de prácticas extremas. Aunado a lo anterior, participar en las redes sociales es fácil y gratuito, lo que agrava dicho problema entre niños y jóvenes.

Como apuntamos antes, ciberporno y cibersexo son dos subclases de adicciones a internet y al sexo. También apuntamos que la adicción a internet no está considerada por las comunidades médica, psiquiátrica y psicológica como trastorno mental o comportamiento anormal, pero, como sugerencia, debemos revisar estas adicciones desde el punto de vista de una anomalía psicosexual, y no como adicción psicológica.

Adicción al sexo

En primer lugar, por hipersexualidad o adicción al sexo (como sinónimos) se entiende

> la conducta habitual de la persona que parte de un impulso incontrolado dirigido a la práctica física y anónima, en un acto breve, frecuentemente poco satisfactorio, que se repite con intervalos variables cortos, con parejas distintas o por masturbación, sin reparar en perjuicios, condiciones o consecuencias para dicha persona o para su entorno.[23]

La adicción al sexo, supone un desarrollo de conductas sexuales irrefrenables utilizadas para producir autogratificación, de manera habitual o compulsiva sin propósito

[23] E. Echeburua (2012). "¿Existe realmente la adicción al sexo?", *Adicciones*, vol. 24, núm. 4, Sociedad Científica Española de Estudios sobre el Alcohol, el Alcoholismo y las otras Toxicomanías, España, pp. 281-286.

alguno de comunicación y sin el menor atisbo de vivencia amorosa y sin importar las consecuencias de dicha conducta. Se trata de un comportamiento sin connotaciones afectivas, y por lo tanto cuenta con un mayor potencial adictivo.[24]

Esta adicción se caracteriza por el hecho de que la conducta no es intrínsecamente sexual, sino que con esta práctica se pretende reducir la ansiedad o escapar de un desasosiego interno. El sexo es un remedio para reducir el malestar emocional, sentirse mejor, y la adicción sexual en algo morboso y obsesivo. Se convierte en una forma de afrontar los sentimientos; si se está eufórico el cuerpo pide celebrarlo, y si se está desanimado, es una forma de buscar animarse.[25]

La adicción al sexo se presenta de muy diversas formas, como la masturbación compulsiva, las relaciones promiscuas breves con múltiples parejas heterosexuales u homosexuales, encuentros sexuales con desconocidos, frecuentación de prostíbulos, uso de pornografía (en todas sus formas: cibersexo, *phonesex* o sexo por teléfono), etcétera.

Las fobias, parafilias o anomalías psicosexuales como pedofilia, exhibicionismo, travestismo, sadomasoquismo, etc., cumplen criterios de adicción sexual, pero la adicción sexual no es forzosamente parafílica. Existen manifestaciones de hipersexualidad anómala no parafílica, como el autoerotismo compulsivo, búsqueda ansiosa de relaciones sucesivas con múltiples parejas o una conducta hipersexual y obsesiva en una única relación.[26] En otras, pueden existir

---

[24] Cfr. E. Echeburua, *op. cit.*, p. 283.

[25] *Ibidem.*

[26] *Idem.*

personas con trastornos de índole psicosexual, como lo pueden ser exhibicionismo, voyeurismo, pedofilia o sadomasoquismo, pero no son equivalentes a la hipersexualidad.

Como expusimos, aun habiendo opiniones contrarias, la comunidad psiquiátrica y psicológica actual ha abandonado el diagnóstico de las adicciones como un trastorno o anomalía mental, lo que incluye la adicción al sexo. No obstante esta cuestión, nos parece relevante analizar las consecuencias o efectos que genera esta hipersexualidad en el individuo, sobre todo en su mente.

Algunos especialistas mencionan que el centro de la afección causada por la adicción al sexo es la pérdida de libertad por parte del sujeto afectado. Por recurrir a conductas sexuales muy a su pesar y no ser capaz de evitarlas aun cuando interfieren gravemente en su vida cotidiana y en sus relaciones personales.[27]

Otros expertos consideran la falta de control de la conducta en la persona, la sensación de no poder regir la propia voluntad, sensaciones de esclavización y de no poder negarse.[28]

Claramente la afectación en la voluntad de cada sujeto será distinta y, por lo tanto, el ejercicio de su libertad dependerá del nivel de adicción y pérdida del control personal. Independientemente de la afectación directa a la capacidad volitiva del sujeto por la adicción al sexo, se presentan otras afectaciones adicionales como consecuencia de haber explotado excesiva o compulsivamente el mecanismo de

---

[27] E. Echeburua, *op. cit.*, p. 283.

[28] C. Chiclana (2014). "Atrapados en el sexo", *El País*, Santiago de Cali, Colombia, 16 de febrero.

sentirse mejor, euforia transitoria o animarse a través del orgasmo.

Quienes sufren de algún nivel de adicción al sexo pueden estar ligados a problemas de ansiedad o depresión (mayormente en el caso de mujeres), con el consiguiente riesgo de suicidio, problemas en el control de los impulsos, diversos trastornos de personalidad (histriónico, narcisista, paranoide u obsesivo compulsivo principalmente) o al consumo abusivo de alcohol y drogas (mayormente en el caso de los varones). Las personas con hipersexualidad corren el riesgo de implicarse en otras conductas de riesgo, como fumar, abusar de alcohol y drogas o jugar en exceso.[29]

Adicción a la pornografía en internet y al cibersexo

La alta velocidad en internet y el acceso a través de dispositivos móviles ha causado que todos los problemas descritos de hipersexualidad o de la simple concepción de la sexualidad presenten un nuevo paradigma que valdría la pena analizar al margen del objetivo de esta obra.

Philip Zimbardo, psicólogo y profesor emérito de la Universidad de Stanford, presentó en marzo de 2011, en una conferencia que se reproduce en el sitio web Ted Talks,[30] cifras y estadísticas alarmantes sobre el desempeño de los jóvenes estadounidenses en su vida como estudiantes y su capacidad de relacionarse con otras personas, principalmente del sexo opuesto, lo que llamó The demise of guys (La caída de los machos), y achacó como causa principal de

[29] Cfr. E. Echeburua, *op. cit.*, p. 284.

[30] P. Zimbardo (2011). The demise of guys. Disponible en https://www.ted.com/talks/zimchallenge

dichos comportamientos el uso excesivo de internet y la adicción a la pornografía.

El doctor Zimbardo expone que el joven promedio estadounidense al llegar a la edad de 21 años ha gastado 10 000 horas de su tiempo despierto jugando videojuegos de manera solitaria y ha observado, más o menos, 50 videos semanales de pornografía en internet.

Los jóvenes presentan miedo a la intimidad, sobre todo con las mujeres y por eso mismo prefieren relacionarse con otros hombres. El contacto con el sexo opuesto prefieren hacerlo a través de internet. No son capaces de interpretar el lenguaje no verbal, los gestos ni de diferenciar el sexo de la pornografía. La mayoría manifiestan sentirse socialmente inadaptados, raros y fuera de lugar.[31]

La causa de estos comportamientos es achacada a la búsqueda constante y compulsiva de esa excitación sexual que se logra por el acceso y tolerancia a la variedad y novedad en el contenido pornográfico.

Estos dos elementos: variedad y novedad, solamente lo logra la pornografía en internet.

Algunos síntomas que presentan personas con un consumo compulsivo de pornografía en internet son: sensación de bienestar o de euforia mientras se está frente a la computadora, incapacidad para detener la actividad, robar cada vez más tiempo al contenido gráfico, descuidar a la familia y amigos, sentimiento de vacío, depresión, irritabilidad cuando no se está conectado, mentir al jefe y familiares acerca de sus actividades, síndrome de túnel de carpo, ojos secos, dolores de cabeza y espalda, comer irregularmente, falta de

[31] Cfr. P. Zimbardo, *op. cit.*

atención en la higiene personal, alteraciones en el sueño y cambios de rutina de sueño.[32]

Hacemos la aclaración que estos síntomas no han sido analizados desde el punto de vista de la capacidad de acceso a internet por dispositivos móviles, que le dan al concepto de computadora una dimensión aún más preocupante.

Efectos de la adicción a la pornografía y al cibersexo

A nivel mental, la adicción a la pornografía genera una distorsión de la sexualidad humana y de la naturaleza de encuentro conyugal. Las personas con adicción a la pornografía presentan una mayor tolerancia a los comportamientos sexuales anormales, agresión sexual, promiscuidad e, inclusive, violación. Adicionalmente, estas personas ven a mujeres y niños como objetos sexuales, instrumentos para proporcionar placer o mercancías utilizables, pero no como personas con dignidad propia.[33]

En el aspecto fisiológico, la pornografía es muy adictiva. El acto adictivo del consumo compulsivo tiene un sustrato biológico, neurológico, con la liberación de la hormona dopamina que actúa como mecanismo de obtención de placer o recompensa en el cerebro, similar al mecanismo de obtención de placer o recompensa por adicción al consumo de sustancias.

La dopamina es un neurotransmisor fabricado por el organismo a partir de un aminoácido aportado por la alimentación:

---

[32] P. A. Sanabria (2004). "Características psicológicas de consumidores de cibersexo: una aproximación", en *Acta Colombiana de Psicología*, núm. 12, pp. 19-38, Universidad Católica de Colombia.

[33] Cfr. P. F. Fagan (2009). "The effects of pornography on individuals, marriage, family and community", en *Research Thesis, Family Research Council*, p. 2, Washington, D.C., disponible en www.frc.org

la tiroxina. Las neuronas que contienen dopamina se encuentran en varias zonas del cerebro: hipotálamo, sustancia negra, corteza cerebral y sistema límbico.

La dopamina es un neurotransmisor relacionado con el desarrollo de adicciones. Es un neurotransmisor inhibitorio, lo cual significa que cuando encuentra su camino a sus receptores, bloquea la tendencia de esa neurona a dispararse. La dopamina está fuertemente asociada con los mecanismos de recompensa en el cerebro. Las drogas, como la cocaína, el opio, la heroína y el alcohol, estimulan la liberación de dopamina, al igual que la nicotina.[34]

Las neuronas de los adictos, acostumbradas a una anormal y elevada cantidad de dopamina responden defensivamente y reducen el número de receptores dopaminérgicos. Así se explica por qué los drogadictos toman estas sustancias para sentirse mejor, para luego tener que consumirlas para evitar la sensación de malestar y necesitan cada vez mayor cantidad para lograr el mismo efecto.[35]

Diversos estudios muestran cómo ciertos "comportamientos adictivos compulsivos" (observar pornografía, el juego, la alimentación, el ejercicio, las compras), disparan los mecanismos de recompensa cerebral de individuos que muestran estos comportamientos.[36]

---

[34] T. Love, C. Laier, M. Brand, L. Hatch y R.Hajela (2015). "Neuroscience of internet Pornography Addiction: A Review and Update", en *Behav. Sci.* 15 de septiembre, 5(3): 388-433.

[35] M. A. Osio (2007). "Dopamina, adicciones y felicidad", en *La Medicina Holística en Venezuela*. Disponible en https://lamedicinaholistica.wordpress.com/2007/11/12/dopamina- adicciones-y-felicidad/

[36] Koob, G.F. y M. Le Moal (2008). "Neurobiological mechanisms for opponent motivational processes in addiction". *Philos. Trans. R. Soc. B Biol. Sci.*, 363, 3113-3123. S. Kühn y J. Galliant (2014). "Brain structure and functional connectivity associated with pornography consumption". The Brain on Porn. JAMA *Psyachitry*, pp. 927-834.

En las adicciones a las sustancias, lo que dispara el mecanismo de recompensa es la cantidad, sucede lo mismo en algunos comportamientos compulsivos, como son la alimentación y el juego.

En el caso de la adicción a la pornografía en internet y al cibersexo, se observa una necesidad creciente de novedad y contenido sexual extremo en adición a la cantidad, para poder generar la dopamina que tanto requieren, y mantener disparado el sistema de recompensa del cerebro. A lo anterior se le ha denominado el efecto "Coolidge".[37]

A través de diversos estudios fisiológicos y neurológicos, se ha demostrado que la excitación masculina, medida por la capacidad de mantener una erección del pene, la cantidad de eyaculaciones y cantidad de semen producido, está directamente relacionada con la novedad en la escena erótica o sexual que el sujeto observe. A mayor novedad o situación extrema, mayor número de erecciones, mayor número de eyaculaciones y todo en el menor tiempo posible. Este mecanismo se ha asociado a la producción de dopamina.[38]

El acceso a la pornografía y el cibersexo, mediante internet de alta velocidad y el uso de dispositivos móviles ha generado un crecimiento exponencial en los comportamientos compulsivos o adictivos a estas prácticas.

---

[37] G. Wilson (2011). "Porn, novelty and the Coolidge effect". Disponible en http: //www.yourbrainonporn.com

[38] V. Voon, T. B. Mole, P. Banca, L. Porter, L. Morris, S. Mitchell, T. R. Lapa, J. Karr, N. A. Harrison, M. N. Potenza y M. Irvine (2016). "Novelty, conditioning and attentional bias to sexual rewards", *J Psychiatr Res.* núm. 72, pp. 91-101. doi: 10.1016/j.jpsychires.2015.10.017. Epub 2015 octubre 27. P. N. Joseph, R. K. Sharma, A. Agarwal y L. K. Sirot (2015). "Men ejaculate larger volumes of semen, more motile sperm, and more quickly when exponed to image of novel women", *Evolutionary Psychologial Science*, Springer International Publishing. Disponible en http://link.springer.com/article/10.1007%2Fs40806-015-0022-8

Las personas que presentan estos comportamientos adictivos han tenido efectos extremos en sus funciones psicosexuales. Identifican el sexo con pornografía y cibersexo exclusivamente. No logran comprender las relaciones e interacciones que el sexo real implica, como lo es el contacto físico, humano, el cortejo, la comunicación verbal y no verbal, los gestos, los besos.[39]

Existen además consecuencias fisiológicas de esta "sobreexplotación" del mecanismo de recompensa, consistentes en la frecuente incapacidad de generar excitación sexual, observada como una disfunción eréctil en quien presenta una adicción a la pornografía y al cibersexo.

Según algunos especialistas, los casos de uso compulsivo y extremo de pornografía y cibersexo en internet causan un cambio fisiológico en los circuitos neurológicos de los pacientes, en la manera en que el cerebro reacciona, causando una disfunción eréctil, que requieren de un consumo extremo y novedoso de pornografía constante para lograr una erección. Se muestra que precisamente este efecto, la disfunción, es la alarma que está generando una reacción en los jóvenes para dejar de consumir pornografía de manera compulsiva.

Al parecer, esta disfunción eréctil es posible revertirla y lograr que funcionen los circuitos neuronales de las personas correctamente mediante la abstención total de dicha adicción o consumo de pornografía. De hecho, se dan datos en los que una persona mayor de 35 años con adicción a la

---

[39] V. Voon, T. B. Mole, P. Banca, L. Porter, L. Morris, S. Mitchell, T. T. Lapa, J. Karr, N. A. Harrison, M. N. Potenza y M. Irvine (2014). "Neural correlates of sexual cue reactivity in individuals with and without compulsive sexual behaviours". *PLoS One*, 9(7): e102419, 2014, doi: 10.1371/ journal.pone.0102419

pornografía recupera su función eréctil y neuronal al paso de dos meses de abstención, y los jóvenes de 25 años que llevan consumiendo pornografía compulsivamente desde la pubertad o desde la niñez, tardan hasta más de cuatro meses en recuperar sus funciones. Lo anterior se explica porque los circuitos neuronales de los jóvenes en crecimiento son más maleables y han sido estimulados anormalmente durante una etapa de formación de crecimiento que les toma mayor tiempo de descanso en volver a funcionar correctamente.[40]

Los efectos que las adicciones a la pornografía en internet y al cibersexo son distintos en cada persona, por razón de edad y sexo.

En los púberes y adolescentes, de 10 a 21 años de edad, la adicción a la pornografía les desorienta y distorsiona su visión acerca de su propia sexualidad y de la sexualidad humana.

Se sienten inseguros acerca del tema, se inclinan a explorar experiencias sexuales distintas o extremas, no entienden lo que significa el matrimonio y el compromiso matrimonial, muestran inseguridad personal sexualmente hablando (no ser aptos o aceptados), se sienten solos y en muchos casos con depresión aguda, muy pocos se sienten avergonzados por ver pornografía, no reconocen la palabra "decente o indecente" en un contexto social.[41]

---

[40] G. Wilson (2011). "Porn, novelty and the Coolidge effect". Disponible en http://www.yourbrainonporn.com

[41] Cfr. P. F. Fagan (2009). "The effects of pornography on individuals, marriage, family and Community", en *Research Thesis*, pp. 5-7, Family Research Council, Washington, D.C. Disponible en www.frc.org

Mujeres y hombres tienen comportamientos distintos. Los hombres son seis veces más proclives a ver pornografía en internet que las mujeres, y la mayoría de las mujeres que reconocen tener estas adicciones manifiestan que prefieren el cibersexo que la pornografía. El 80% de las mujeres que practican cibersexo manifestaron haber tenido encuentros sexuales en la vida real con las personas contactadas, por lo que se concluye que la mayoría de hombres y mujeres que practican cibersexo llegan a tener sexo físico con sus parejas *online*.[42]

5. Epidemia

Resulta imposible estimar correctamente el número de personas que son adictas a la pornografía en internet o que practican cibersexo y también estudiar el efecto que causa en cada una de ellas o en grupos de personas por sexo, edad o lugar. No obstante, queremos llamar la atención sobre las dimensiones del problema, con cifras muy generales.

Como apuntamos antes, el 41% de todos los hogares en el mundo tienen acceso a internet de banda ancha y prácticamente todas las personas con uso de razón tienen internet con un dispositivo móvil.

No existe aún información estadística mundial, pero hemos recurrido a datos de Estados Unidos, como muestra que se pudiera extrapolar en otras latitudes, dependiendo del acceso y penetración de internet y a los dispositivos móviles.

---

[42] *Idem.*, p. 9.

Uno de cada tres estadounidenses consume pornografía por lo menos una vez al mes. De todos los adolescentes entre 13 y 18 años de edad ven pornografía diariamente del 6 al 13%, del 14 al 21% una vez a la semana, del 13 al 19% una vez al mes y del 18 al 32% con menos frecuencia. El 49% dice nunca buscar pornografía, y el 17% afirma nunca haberla visto.[43]

De los adolescentes, el doble de hombres ven pornografía comparado con las mujeres (67 contra 33 por ciento).

De los jóvenes entre 18 a 24 años de edad, seis de cada 10 (57%) ve pornografía todos los días, a la semana o al mes. Comparado con los adolescentes que son una tercera parte (37%) y una tercera parte de adultos mayores de 25 años (29 por ciento).[44]

El 70% de mujeres mantiene en secreto sus actividades en internet y 17% de ellas tiene problemas de adicción a pornografía en dicho medio. Las mujeres prefieren dos veces a uno los sitios de chat. Una tercera parte de las personas que visitan sitios de pornografía son mujeres y 13% de ellas declara ver pornografía en el trabajo.[45]

El 30% de la totalidad de información que se transmite en internet es de contenido pornográfico.[46]

---

[43] Barna Group (2016). Porn in the digital age: New Research Reveals 10 Trends. Disponible en https://www.barna.org/research/culture-media/research-release/porn-in-the-digital-age-new- research-reveals-10-trends#.V0RrEWPcDY8

[44] *Ibid.*

[45] foryourmarriage.org, 2016. "Women and Online Pornography", *Statistics*, internet Filter Review. Disponible en http://www.foryourmarriage.org/women-and-online-pornography/

[46] "Porn Sites Get More Visitors Each Month Than Netflix, Amazon and Twitter Combined", The Huffington Post, 2013. Disponible en http://www.huffingtonpost.com/2013/05/03/internet-porn- stats_n_3187682.html

Un solo sitio de pornografía en internet (pornhub. com) publicó el 6 de enero del 2016 sus cifras de uso y acceso durante 2015, en que reporta haber reproducido 4 392 486 580 horas de videos. Es decir, 87 849 731 608 videos, y haber recibido 21 200 000 000 visitas en el sitio. El tiempo promedio de visita fue de 9 minutos y 16 segundos.

Del tráfico que registró el el 41% se originó en Estado Unidos. Del total de visitantes que recibió, 31.3% es de 18 a 24 años de edad, 28.2% es de 25 a 34 años, 16.8% de 35 a 44 años. Los dispositivos para acceder a la pornografía fueron 52.9% teléfonos móviles, 36.3% computadoras y 10.8% tabletas, con tendencias crecientes de acceso a través de dispositivos móviles.[47]

En los años 2005 y 2006 se estimaba que existen unos 4.2 millones de sitios pornográficos o de cibersexo en internet, y 68 millones de visitas de pornografía diariamente en los buscadores de internet.[48]

---

[47] Pornhub´s 2015 Year in Review, 2016. Disponible en http://www.pornhub.com/insights/pornhub-2015-year-in-review

[48] TopTenReviews.com, 2005-2006, "Internet Pornography Statistics". Disponible en http://internet-filter- review.toptenreviews.com/internet-pornography-statistics.html

Capítulo II

Capacidad consensual

Nos enfrentamos al reto de intentar delimitar las consecuencias que una adicción a la pornografía en internet o al cibersexo, encuadradas conforme al capítulo anterior, son capaces de constituir como una causa de nulidad matrimonial y proveer de criterios de discernimiento para el canonista en su estudio o al juez cuando se presentan dichas circunstancias.

Apuntamos al principio del tema que la causa eficiente del matrimonio es el consentimiento, entendido como tal "el acto de la voluntad por el cual el varón y la mujer se entregan y aceptan en alianza irrevocable para constituir el matrimonio" (canon 1057, 2), que realizan conjuntamente los dos esposos.

Lo propio del acto de consentir es la voluntad de los cónyuges, no sólo de amarse o de permanecer unidos, sino de constituir un vínculo, una relación, que proviene del hecho de que, con el consentimiento, los cónyuges deciden querer dar debidamente (en justicia) lo que antes era gratuito: el amor, que ahora es calificado de conyugal.[1] Como

---

[1] M.A. Ortiz (2015). "El principio consensual en el derecho matrimonial canónico", en *Apuntes del curso Consentimiento Matrimonial,* tema 1, UNIR, pp. 3-6.

apunta J. Hervada citando a Tomás Sánchez, "mediante el pacto conyugal se convierte en obligación jurídica la inclinación natural" a la unión de varón y mujer.[2]

Es conveniente enfatizar que cualquiera que sea el análisis, nos debemos remitir al momento de la celebración del matrimonio, al momento de la expresión del pacto conyugal *in fieri*, del acto de la voluntad, y de distinguir si en dicho momento se encontraban presentes las adicciones mencionadas y si en ese mismo momento impactaban y de qué manera dicho pacto conyugal.

El matrimonio no es solamente un contrato, considerado como un acto jurídico, también guarda semejanzas en cuanto a la formación del consentimiento, por lo que analizaremos ésta para revisar la validez de dicho consentimiento, para que el matrimonio sea "efectivo".

Este consentimiento, considerado como un acto humano, exige el uso directo de la inteligencia y de la voluntad. La voluntad debe ser ejercida libremente y la inteligencia acorde con el objeto al que se dirige. Es además un acto jurídico, ya que los contrayentes disponen de sí mismos en lo conyugable y constituyen esa sociedad jurídica llamada matrimonio.

Solamente será libre un acto que sea humano o de la persona humana, es decir, que sea reconocible como propio de la persona e imputable a ella por haberse realizado no sólo libremente, sino también con una comprensión suficiente de su significado.[3] Se puede sostener que el

---

[2] J. Hervada (1982). "Esencia del matrimonio y consentimiento matrimonial", en *Persona y Derecho*, 9, pp. 149-179. Disponible en http://dadun.unav.edu/handle/10171/12026

[3] P. Bianchi (2007). *¿Cuándo es nulo el matrimonio?*, EUNSA, pp. 156-169.

consentimiento matrimonial es un acto propiamente humano y, por tanto, involucra la inteligencia y voluntad, su psique, es decir, debe ser libre, íntegro, completo o suficiente.

Estos requisitos del acto humano, capaz de generar un vínculo, forman parte de los principios de derecho natural, pero están encauzados por una cualidad que no es de derecho natural, sino más bien propio de la naturaleza humana, que consiste en el amor de donación. Lo que se debe jurídicamente en la alianza conyugal es el amor de donación, el bien de los cónyuges, el bien del otro, incluyendo la apertura a la generación de la vida y a la educación de los hijos, como entrega gratuita e incondicional. Lo que es posible se hace real, lo que es un encuentro se une, lo gratuito se hace deuda el hecho se hace compromiso.[4]

Se unen las naturalezas del varón y la mujer, sus cuerpos y almas, en un acto voluntario de entrega incondicionada, recíproco e irrompible.

Estos conceptos, que provienen de la realidad natural, de la realidad de los seres humanos, quedan desdibujados por varias razones, no son claros o ni siquiera existen en la voluntad de los contrayentes al momento de su pacto conyugal.

Corresponde al canonista y al juez en su momento dilucidar si la persona puede o no consentir de manera libre y completa al pacto conyugal, o su consentimiento está viciado o condicionado de alguna manera, o el mismo contrayente expresa de manera equívoca su consentimiento excluyendo el pacto, o alguna parte esencial del mismo.

Desde una perspectiva sustantiva, se presenta un doble principio conforme al cual el consentimiento al pacto

[4] J. Hervada, *op. cit.*, pp.149-179.

conyugal es en sí mismo suficiente, en cuanto a que de manera voluntaria se dirige intencionalmente hacia su objeto (canon 1095, 1 y 2), y en tanto dicho objeto es realmente posible para el contrayente (canon 1095, 3).[5]

En relación con lo expresado, en la legislación se han distinguido dos tipos de incapacidad psíquica para el matrimonio: la carencia de suficiente uso de razón (canon 1095, 1), y el grave defecto de discreción de juicio (Ibid., 2). No analizaremos la incapacidad psíquica desde la carencia de suficiente uso de razón, por parecernos que no es aplicable a la materia de estudio de este trabajo, pero haremos un análisis más a fondo de lo que significa el "grave defecto de discreción de juicio", y cómo las adicciones a la pornografía y al cibersexo afectan dicha discreción de juicio.

También analizaremos lo apuntado como la posibilidad de consentir en el objeto del pacto conyugal o capacidad de asumir las obligaciones esenciales del matrimonio (canon 1095, 3), y si las adicciones psíquicas imposibilitan que el contrayente asuma este tipo de responsabilidades.

1. Incapacidad de asumir las obligaciones esenciales del matrimonio

En primer lugar analizaremos si la adicción a la pornografía en internet o al cibersexo es una causa que imposibilite el pacto conyugal, por qué precisamente dicha adicción sería la causa directa o indirecta de algún tipo de trastorno psíquico que impida a la persona "asumir" como contrayente el

[5] P. Bianchi, *op. cit.*

cumplimiento de aquellas obligaciones propias de la alianza de vida y amor.

Según este capítulo de nulidad, el previsto en el canon 1095, 3, se trata de analizar cómo una anomalía psíquica incapacita al sujeto para asumir como contrayente el cumplimiento de las obligaciones esenciales del matrimonio porque no dispone potencialmente de las aptitudes necesarias para la realización de los compromisos contraídos sobre los elementos esenciales del matrimonio.[6]

En este ámbito, el consentimiento es suficiente en cuanto acto psicológico desde la perspectiva subjetiva, pero es ineficaz desde el punto de visto jurídico por falta de objeto, porque no es posible comprometerse a ciertas obligaciones que no se asumen realmente, y se atiende al matrimonio no sólo como pacto, sino también como estado de vida.[7]

Como mencionamos, con este supuesto de incapacidad, no se cuestiona la capacidad intelectiva del sujeto, ni tampoco la madurez del juicio o incluso la libertad del consentimiento, lo que se cuestiona es la capacidad o posibilidad de esa persona para integrarse con el otro de manera conyugal en un consorcio de toda la vida. El contrayente ha expresado una voluntad matrimonial hipotéticamente válida, pero no puede realizar lo que declara.[8]

Es aquí donde la participación del perito psiquiatra o psicólogo es esencial para dictaminar de qué manera la persona que presenta adicción a la pornografía o al cibersexo

---

[6] Cfr. M. López Alarcón y R. Navarro-Valls (2010). *Curso de Derecho Matrimonial Canónico y Concordado*, 7a. ed., Tecnos, 205.

[7] Cfr. P. Bianchi (2007). *¿Cuándo es nulo el matrimonio?*, EUNSA, p. 182.

[8] Cfr. S. Panizo (1987). "La capacidad psíquica necesaria para el matrimonio", en *Revista Española de Derecho Canónico*, vol. 44, núm. 123, pp. 441-470.

puede haber desarrollado una afectación en la personalidad o algún tipo de neurosis, por la que tiene un comportamiento compulsivo de satisfacer la "pulsión" sexual mediante el consumo de estos productos, que no puede controlar su ya dependencia.

El adicto al cibersexo o a la pornografía puede no ser capaz de llevar a cabo una relación sexual normal con su cónyuge, pues su función corporal y su entendimiento de sexualidad humana están dañados. Busca en la intimidad con su cónyuge una relación sexual referenciada a la "realidad virtual", la que encuentra en internet, probablemente desviada, sin entendimiento de la entrega sexual por amor y con amor de donación.

Se presenta una posible analogía con los casos de homosexualidad o ninfomanía, en donde la persona es incapaz de llevar a cabo una relación heterosexual normal, donde el sujeto manifiesta voluntad de "unirse" al cónyuge con las obligaciones esenciales de la vida en matrimonio, cuando en realidad esa vinculación supera sus pensamientos. Explica Tejero, quien cita a Villeggiante, que "la patología que comporta la ninfomanía implica un defecto permanente de capacidad de regular los impulsos sexuales. Se trata de un *abnormis conditio* proveniente de una anomalía en el sujeto que excluye la posibilidad de que el contrayente proceda deliberada y voluntariamente para asumir los deberes matrimoniales".[9]

[9] E. Tejero (2007). *¿Imposibilidad de cumplir o incapacidad de asumir las obligaciones esenciales del matrimonio? Historia, jurisprudencia, doctrina, normativa, magisterio, interdisciplinariedad y psicopatologías incidentes en la cuestión* (2a. ed.). Pamplona: EUNSA, p. 206.

La expresión "por causas de naturaleza psíquica", apunta a que a nivel mental, la adicción a la pornografía genera una distorsión de la sexualidad humana y de la naturaleza de encuentro conyugal. Las personas adictas a esto presentan una mayor tolerancia a los comportamientos sexuales anormales (agresión sexual, promiscuidad e, inclusive, a la violación). El adicto, en el momento del encuentro sexual con su cónyuge, lo objetiviza, hace una imagen mental de las escenas que conoce por su adicción, pretendiendo crear o traer esa "realidad inventada" al momento del coito con su pareja. No se entrega completamente ni recibe en su integridad a su cónyuge en el encuentro sexual.

Esta incapacidad de distinguir la realidad natural de la realidad virtual, a nivel de integración psicosexual con su cónyuge, puede constituir la neurosis que mencionábamos, pero dependerá del dictamen del perito el hacer esa valoración del comportamiento de la persona que presenta las adicciones a la pornografía y al cibersexo.

La adicción a estos productos no es considerada o diagnosticada por la ciencia psiquiátrica como una "anomalía psíquica" en sí misma, pero sí es posible que los peritos diagnostiquen los efectos que las adicciones mencionadas generan en la persona.

Es posible para los psiquiatras y psicólogos dictaminar si la persona adicta ha desarrollado algún tipo de neurosis, que le impide distinguir la realidad de su relación conyugal, con las ideas visualizadas de sexo, que tiene, y si dicha neurosis impide la integración psicosexual mínima entre los cónyuges.

El adicto a dicho material pornográfico puede desarrollar ansiedad, inseguridad y hasta entrar en depresión por no sentirse a la "altura" de los actos sexuales visualizados en internet ni lograr la sensación de placer que obtiene cuando mediante el consumo de pornografía y cibersexo alimentan sus circuitos de "recompensa", con la mencionada producción de dopamina.

Estas anomalías de naturaleza psíquica imposibilitan a que el cónyuge asuma las obligaciones esenciales del matrimonio, aun manifestando su consentimiento válidamente.

2. Grave defecto de discreción de juicio, visión antropológica distorsionada y falta de libertad interna

En segundo término, analizaremos si en adición a constituir una causa de imposibilidad de asumir las obligaciones esenciales del matrimonio, las adicciones a la pornografía en internet y el cibersexo constituyen una incapacidad consensual por un grave defecto de discreción de juicio, como lo apunta el canon 1095, 2.

Por discreción de juicio se entiende que el consentimiento otorgado en el pacto conyugal está fundamentado en una comprensión abstracta mínima de los derechos y deberes conyugales, como lo apunta el canon 1096, 1: "Para que pue-da haber consentimiento matrimonial, es necesario que los contrayentes no ignoren al menos que el matrimonio es un consorcio permanente entre un varón y una mujer, ordenado a la procreación de la prole mediante una cierta cooperación sexual", pero también esta discreción de juicio debe implicar una valoración práctica de su contenido obligatorio, que no se limita al momento de la celebración del matrimonio, sino que se extiende a lo largo de la vida conyugal y permanentemente.[10]

Aquí nos enfrentamos al primer problema que presenta el análisis de las adicciones a la pornografía en internet y el cibersexo, frente a la discreción de juicio. ¿Estamos frente a una incapacidad de comprender lo que es el matrimonio como lo enuncia el canon 1096, 1?, ¿o simplemente la persona tiene otra conceptualización de lo que es el matrimonio, de lo que es un consorcio permanente entre varón y mujer, de lo que implica la sexualidad humana, el amor de donación? En este punto dependerá de la valoración de las pruebas y del criterio del juez el determinar si el contrayente sí es capaz de entender lo que es el matrimonio, la sexualidad humana, el amor de donación o si dicha persona tiene una idea distinta de estos conceptos.

El límite o encuadramiento del análisis debería hacerse conforme a lo enunciado por san Juan Pablo II: "Una verdadera incapacidad puede ser admitida en hipótesis sólo en presencia de una seria forma de anomalía que, cualquiera que sea su denominación, afecte sustancialmente a la capacidad de entender y/o querer del contrayente".[11] Es decir, el contrayente debe tener una verdadera anomalía psíquica, y no simplemente una visión del matrimonio distorsionada.

Como se apuntó anteriormente, una adicción de este tipo, puede constituir una forma equívoca de conceptualizar y vivir la sexualidad desde el punto de vista del derecho natural, pero puede no afectar sustancialmente la capacidad

[10] Cfr. P. Bianchi (2007). *¿Cuándo es nulo el matrimonio?*, EUNSA, pp. 156-169.

[11] Juan Pablo II (1987). Al tribunal de la Rota Romana.

de entender del contrayente. Es decir, puede resultar en un equívoco más que en una anomalía psicológica.

Para constituir este tipo de anomalía, las adicciones deben afectar de manera sustancial las facultades naturales de la inteligencia o voluntad de la persona. No será suficiente considerar incapaz de decidir a una persona, por el simple hecho de ser adicto a la pornografía o al cibersexo, aun cuando el individuo esté convencido de que estas adicciones o prácticas no sean anómalas. Es reprobable desde un punto de vista moral o alejado de una visión del matrimonio y la sexualidad humana correcta, pero podemos estar frente a una persona capaz de decidir.

En segundo lugar, la discreción de juicio requiere una mínima libertad interior para asumir los derechos y deberes conyugales, incluyendo el que dicha motivación interna no se encuentre afectada por alguna anormalidad o patología que pudieran perjudicar al contrayente privándolo de la libertad de hacer una elección racional y no completamente irracional.[12]

Pudiésemos estar frente una persona que no controla su impulso a satisfacer su circuito neuronal de recompensa mediante el consumo de pornografía (estimulado por la dopamina, como ya explicamos), independientemente de las circunstancias y consecuencias que esto conlleve.

Uno de los posibles efectos psicológicos de la adicción adquirida (como también ya observamos) es el de generar una visión distorsionada de la sexualidad humana. Podremos estar ante un hipotético caso en el que el adicto justifique que su consumo de pornografía y la masturbación son actos íntimos que no afectan en nada su relación conyugal.

[12] Cfr. P. Bianchi, *op. cit.*

El adicto al cibersexo o a la pornografía no entendiende por qué escapa de su control el concepto de fidelidad. El adicto, inconscientemente, en su interior se "reserva", hace "suya y exclusiva" la función sexual anómala, de masturbación o de fornicación, y la separa de los actos de sexualidad humana que debe mantener exclusivamente con su cónyuge. El adicto no se entrega por completo y de manera fiel, por haber hecho esa abstracción entre su adicción, como entrega íntegra de cuerpo y alma a su cónyuge.

La discreción de juicio se refiere a la adecuada comprensión y valoración de la realidad matrimonial, y de lo que ésta implica, pero también requiere de la libertad psicológica de elección de la otra parte y del vínculo como unión personal en lo conyugal. La falta de libertad interna, entendida como ausencia del dominio mínimo necesario para valorar suficientemente la unión que se contrae.[13]

Desde esta perspectiva, un individuo con adicción a la pornografía y al cibersexo no es libre de elegir a la persona del otro en lo conyugal, y tampoco llegar a la relación sexual humana por haber distorsionado de forma total dicho concepto en su mente. Además, tampoco se es libre muchas veces de elegir el matrimonio y valorar suficientemente la unión que contrae, pues se encuentra "atornillada" a dichas adicciones. Si no elige libremente, mucho menos, puede ser "fiel", o entregarse sexualmente de manera exclusiva a su cónyuge. Aunque quiera amarlo dona su alma y su cuerpo al otro ser, por no tener dominio de sí mismo.

[13] H. Franceschi (2011). "Consideraciones acerca de algunas cuestiones disputadas sobre el canon 1095". *Ius Canonicum*, 51(102): 449-478.

Es grave esta falta de libertad, puesto que se refiere a los elementos esenciales y naturales del pacto conyugal, desde la sexualidad humana hasta el amor de donación.[14]

Esta falta grave de discreción de juicio no se produce por una afección de la capacidad intelectiva de la persona, como se comentó, sino que se produce a nivel volitivo. La persona no es libre de elegir porque esta capacidad está condicionada por sus adicciones, las cuales inciden gravemente en el objeto elegido, privando al sujeto en particular de otra capacidad, la jurídica.[15]

Las adicciones mencionadas pueden generar una conturbación del ánimo interno del contrayente, causando incapacidad en llevar a cabo toda la secuencia motiva, deliberativa, electiva y ejecutoria del consentimiento en términos de enajenación interna, pues no se reconoce como acto propio; es decir, resultado del libre albedrío del contrayente.[16] El acto de consentir al matrimonio resulta no ser el suyo.

Por lo anterior, es secundario si la adicción a la pornografía o al cibersexo es considerada desde el punto de vista psiquiátrico o psicológico como "anomalía" o "enfermedad", ya que puede incapacitar al individuo por no tener libertad de consentir al pacto conyugal. Nos referimos a la falta de libertad interna como elemento constitutivo de un grave defecto de discreción de juicio.[17] La persona adicta

---

[14] S. Panizo (1999). "Deficiencias en el campo de la libertad y el valor del matrimonio canónico", en *Ius Canonicum*, volumen especial, Pamplona, pp. 653-671.

[15] P.J. Viladrich (1998). *El consentimiento matrimonial*, Pamplona: EUNSA, p. 106.

[16] *Idem.*, p. 106.

[17] S. Panizo (1987). "La capacidad psíquica necesaria para el matrimonio", en *Revista Española de Derecho Canónico*, vol. 44, núm. 123, pp. 441-470.

puede estar impedida de entregarse como cónyuge, porque no es dueña de su propia conyugabilidad; es decir, no tiene dominio de sí mismo en lo conyugal.

3. Valoración de la pericia

Nos enfrentamos ahora al potencial problema mundial que representa el hecho de que las comunidades psiquiátrica y psicológica han abandonado el caso de las adicciones a internet como trastornos psicológicos, por tanto, en un proceso de nulidad por incapacidad consensual, de acuerdo con el canon 1095, es necesario contar con un peritaje para determinar las causas de naturaleza psíquica que imposibilitan o incapacitan dicho consentimiento.

Complican aún más la situación las prácticas y usos cotidianos de internet y la tecnología móvil, en cuanto a que se consideran usos "normales" y no existe una concientización social o a nivel de expertos del impacto que la hipercomunicación causa en la forma de relacionarse del ser humano. La ciberpsicología está en sus comienzos y los fenómenos e impacto que tiene en la persona todavía no están lo suficientemente estudiados y diagnosticados.

Mucho se habla de lo recomendable que sería contar con especialistas psiquiatras o psicólogos con una formación cristiana óptima, con una visión antropológica cristiana o con un conocimiento de derecho canónico básico, para asistir a los jueces de manera correcta en las causas matrimoniales.[18]

[18] A. Polaino-Lorente (1987). "Comentarios de un psiquiatra al discurso del Papa al Tribunal de la Rota Romana (5-II-1987)", en *Ius Canonicum,* XXVII, núm. 54, pp. 599-607.

Sin embargo, no siempre será posible y cada vez es más difícil encontrar especialistas con este perfil, o con una visión de la sexualidad humana como la enuncia el Magisterio de la Iglesia y como apuntamos en este trabajo.

Al perito le importan los hechos desde la perspectiva de las posibles anomalías, sus causas, efectos, diagnóstico, evolución y terapia. En cambio, al juez le interesa conocer las conclusiones del perito para comprobar si, contando con esos juicios científicos, se puede considerar si el sujeto periciado estuvo o no dotado de suficiente capacidad psíquica para el pacto conyugal.[19]

Corresponde al juez de las causas matrimoniales determinar si una persona que presenta adicción a la pornografía o al cibersexo fue capaz o no de otorgar su consentimiento matrimonial válido o si asumió las obligaciones esenciales del matrimonio. Esta determinación de capacidad o incapacidad es del ámbito del derecho canónico, con alcances y parámetros más profundos y extensos que la teoría general del derecho, como lo hemos comentado en esta obra.[20]

Al perito le corresponde determinar los efectos que la adicción a dichas actividades se ha presentado en la persona concreta, si han afectado su comportamiento, si es funcional, si presenta rasgos de depresión, de afectación cognitiva, de patología conductual, en otras palabras, determinará si las adicciones padecidas constituyen causas de naturaleza psíquica. Solamente al juez corresponde dictar la incapacidad jurídica.

---

[19] J.I. Bañares (2000). "Antropología cristiana y peritaje psiquiátrico en las causas matrimoniales", en *Ius Canonicum*, XL, núm. 80, pp. 413-437.

[20] *Idem.*, p. 436.

El juez utilizará el peritaje dentro de su proceso de valoración. Ha de definir la naturaleza psíquica de la causa en cada contrayente, sus efectos concretos y sus antecedentes previos a las nupcias. Será necesario para el juez revisar la biografía del sujeto y la naturaleza secuencial de los acontecimientos, los indicios anormales de comportamiento de la persona en sus orígenes familiares o durante el noviazgo, y prestará especial atención a la incidencia de las adicciones a la pornografía y al cibersexo y cómo afectaron la vida y relación del individuo, e incidieron sobre su capacidad volitiva y grado de afectación.[21]

En las causas matrimoniales en que se aduce la adicción a la pornografía en internet y al cibersexo será importante para el juez considerar que el acceso a internet de alta velocidad y el uso de los dispositivos móviles son de muy reciente crecimiento exponencial, es decir, desde aproximadamente el año 2006 en adelante, y que es probable que las adicciones mencionadas no sean anteriores a la celebración del matrimonio o no hayan causado los efectos incapacitantes para la unión. En matrimonios celebrados con anterioridad, es decir, a mediados de la primera década del siglo XXI, se podrían dar casos de personas que presentaran adicciones al sexo, a la pornografía por otros medios o hasta alguna parafilia (ninfomanía, voyeurismo, sadomasoquismo, exhibicionismo, etc.), y será importante para el proceso judicial diferenciar debidamente las causas en las que podría basarse la nulidad matrimonial.

---

21 M. López Alarcón y R. Navarro-Valls, *op. cit.*, pp. 224-227.

Capítulo III

Otras causales

Nos parece pertinente estudiar la adicción a la pornografía en internet y el cibersexo desde otro tipo de causas de nulidad matrimonial, ya no desde el punto de vista de la incapacidad consensual, sino de vicios del consentimiento, que se pudieran presentar como consecuencia práctica en el procedimiento de las causas de dicha nulidad.

Pensemos por un momento que en una causa matrimonial donde se hayan aducido argumentos sobre la incapacidad consensual conforme al canon 1095, 2 y 3, por adicción a la pornografía o al cibersexo, en la que resulta imposible lograr una pericia o determinar el grave defecto de discreción de juicio o la incapacidad de asumir las obligaciones esenciales del matrimonio. En estos posibles casos resultará válido estudiar si el "ocultamiento" de dichas adicciones constituye una causa de nulidad por dolo.

Por último, también resulta interesante revisar si existiera la posibilidad de que se presente un caso de impotencia copulativa, por adicción a pornografía y al cibersexo, en cómo debería tratarse esta petición, en tanto es una impotencia permanente y absoluta.

1. Dolo

Haciendo una breve reflexión sobre casos de adicción a la pornografía por internet y al cibersexo nos damos cuenta de que se trata de conductas, comportamientos y vicios que la persona mantiene normalmente en secreto.

En la actualidad, ha cambiado entre los fieles católicos el concepto de sexualidad; no resulta fácil para las personas reconocer abiertamente sus adicciones ni cuándo se trata de pulsión sexual y menos cuando manifiestan algún tipo de depravación.

Existe una inclinación normal de la persona a guardar en su intimidad estos gustos, estas aficiones, y le incomodaría que se sepa que ha perdido el dominio de sí mismo, que es "adicto al sexo".

Fácilmente se piensa en casos de personas que encuentran pareja y entablan una relación de noviazgo o convivencia, pero en secreto y en la intimidad individual mantienen su adicción a la pornografía en internet y al cibersexo. Existen casos en donde el individuo lucha por alejarse de esos vicios, trata de llevar una vida sin lastres ni cargas, e incluso logre abstenerse de estas prácticas previamente a su matrimonio para luego volver a caer en las mismas.

Este ocultamiento de la adicción a la pornografía y al cibersexo pudiera llegar a constituirse como una maquinación consciente y deliberada (mediante omisión), de engañar a la otra persona y matrimoniarse, tal vez hasta pensando que al casarse desaparecerían las adicciones y, por tanto, podría considerarse el caso como dolo.[1]

---

1 P. Bianchi (2007). *¿Cuándo es nulo el matrimonio?*, EUNSA, p. 5.

Según el canon 1098, son requisitos para reconocer la fuerza invalidante del dolo los siguientes:[2]

> -Uno de los cónyuges yerra (*deceptus*), en el momento de la celebración del matrimonio acerca de una circunstancia que ha sido la causa del con-sentimiento. Claramente, si el contrayente que es adicto a la pornografía (*deceptor*) omite revelarle su adicción a su pareja ocasiona que el *deceptus* caiga en un error.
> -La circunstancia sobre la que yerra es una cualidad del otro cónyuge. Claro que si la omisión es sobre una adicción a la pornografía o al cibersexo estamos hablando precisamente de una cualidad esencial del otro, de cómo vive su sexualidad y de su capacidad de entrega exclusiva, de su donación de amor.
> -La cualidad objeto del error ha de ser de una entidad tal que perturbe gravemente el consorcio de vida conyugal. Nos parece que una adicción a la pornografía y al cibersexo inciden sobre el *bonum coniugum* de manera grave, pues distorsiona totalmente la conyugalidad, se aleja del amor y de la sexualidad humana.
> -Debe producirse una maquinación, una acción o una omisión, consciente y deliberada de provocar un engaño. Como explicamos, el *deceptor* omite mencionar y revelarle a su futuro consorte su adicción, y lo hace de manera deliberada y consciente, pues no desea revelar ésta.
> -Quien engaña debe hacerlo con la intención de obtener el consentimiento. Claramente si el *deceptor* omite revelar su adicción, lo hace con la intención de que no lo

[2] M. López Alarcón, R. Navarro-Valls (2010). *Curso de derecho matrimonial canónico y concordado*, 7a. ed., Tecnos, pp. 289-292.

rechacen y que lo acepten en matrimonio; que el *deceptus* consienta en el matrimonio.

Esta causa de nulidad matrimonial presenta un problema práctico, procedimental y consistente en que el dolo se prueba y no se presume, en aquellas causas matrimoniales en que no se cuente con una prueba confesional resultará muy difícil llegar a la certeza moral. Es decir, que el *deceptor* no admita en el procedimiento que ocultó intencionalmente su adicción a la pornografía para lograr el matrimonio con el *deceptus*.

2. Impotencia copulativa

Como apuntamos antes en esta investigación, una consecuencia de la adicción a la pornografía y al cibersexo es la de generar una disfunción eréctil en los varones, que requieren cada vez de mayor novedad y más extremas escenas de sexo para lograr estimular su función eréctil normal.

Conforme al canon 1084, 1, se requiere que la impotencia sea antecedente y perpetua para hacer nulo el matrimonio, y aquí es donde reside la complejidad en cuanto a la impotencia causada por las adicciones sexuales mencionadas.

La disfunción eréctil generada por esta adicción es curable, según algunos estudios realizados recientemente, mediante la abstinencia total de pornografía y de la masturbación, durante un plazo de entre dos a cuatro meses, siendo este periodo totalmente variable.

Habrá que tener en cuenta, según la doctrina y la jurisprudencia, que la impotencia sólo será perpetua cuando no es sanable por el simple transcurso del tiempo, o con medios ordinarios y lícitos, sin peligro de la vida o grave daño para la salud.[3]

Por lo tanto, una impotencia generada por adicción a la pornografía no hace nulo el matrimonio por ser curable, y esto puede representar ciertos conflictos procedimentales serios para el juzgador.

En una causa matrimonial en que se aduce impotencia copulativa, las pruebas médicas demostrarán que no hay un problema biológico funcional en el cónyuge impotente y probablemente se declare que existe una impotencia funcional psicógena, es decir, de carácter psicológico, en cuyo caso será muy difícil, o casi imposible, demostrar que la impotencia es perpetua.[4]

Adicionalmente, el canon 1084, 2 establece que mientras la impotencia sea dudosa no se podrá declarar la nulidad del matrimonio, lo que constituye un requisito adicional a la antecedencia y perpetuidad para determinar la impotencia, que consiste en la certeza de la no curación del problema para poder declarar la nulidad.

Tratemos de llevar estos principios a un caso hipotético, en el que un matrimonio ha fracasado por imposibilidad de consumar dicho matrimonio, con la agravante de que la mujer sorprendió a su esposo viendo pornografía y masturbándose.

---

3 Cfr. M. López Alarcón y R. Navarro-Valls (2010), *Curso de derecho matrimonial canónico y concordado*, 7a. ed., Tecnos, p. 132.

4 P. Bianchi (2007). *¿Cuándo es nulo el matrimonio?*, EUNSA, p. 144.

El juzgador tendrá que ser muy cuidadoso en la revisión de los dictámenes médicos y psicológicos, y será difícil que pueda tener la certeza moral de que la impotencia del varón sea perpetua y, por lo tanto, no podrá declararse como nulo dicho matrimonio.

Usemos ahora otro ejemplo hipotético, en el que el varón que es adicto a la pornografía y tiene dificultad para lograr una erección si no es mediante contemplar pornografía extrema (bestialismo, por ejemplo), y le ha propuesto a su esposa realizar el acto conyugal mientras él observa escenas pornográficas. Ella se ha rehusado a acceder a dicha petición, y esta circunstancia provocó el deterioro del matrimonio y que intenten una causa de nulidad por impotencia.

En este último caso hipotético claramente la impotencia es relativa, y no son actos "de modo humano" los que permiten la consumación y, sin embargo, no habrá certeza para el juzgador para poder declarar la nulidad matrimonial.

Conclusiones

Las adicciones a la pornografía en internet y el cibersexo constituyen claras afecciones que pudieran ser presentadas como argumentos válidos en las causas de nulidad matrimonial basadas en incapacidad consensual de asumir las obligaciones esenciales del matrimonio; asimismo conjunta y subsidiariamente por grave defecto de discreción de juicio por falta de libertad interna.

Resulta más complejo presentar y probar en juicio que cuando un contrayente oculta a su cónyuge su adicción a la pornografía y al cibersexo, esto pudiera constituir dolo y lograr una declaración de nulidad matrimonial, aun cuando a nivel teórico dicho ocultamiento sí constituya dolo.

Igualmente, si se intentara una causa de nulidad por impotencia copulativa del varón, el juzgador se encontraría en problemas prácticos procedimentales para llegar a la certeza moral necesaria para declarar una posible nulidad.

En el mundo actual el uso de internet y de dispositivos móviles se puede realizar todos los días, a todas horas y en todo lugar. No usar este medio es clara manifestación de personas que no están en contacto con la actualidad. Cuesta trabajo pensar que alguien pueda ser funcional hoy sin utilizar esta herramienta de comunicación. Es más, internet se está convirtiendo en el medio de comunicación más utilizado del planeta y la forma de relación interpersonal con mayor crecimiento.

Los efectos que la "realidad virtual" genera en el comportamiento de las personas son de alto impacto, y es aquí donde el individuo requiere de un nivel de madurez importante para saber discriminar, depender y participar en internet. La "ciberpsicología" se encuentra en sus inicios, pero apostamos que en el futuro esta especialidad será de gran relevancia en el estudio del comportamiento humano individual y social.

Es alarmante el que en la actualidad no exista conciencia colectiva acerca del efecto y daño que las adicciones a la pornografía en internet y al cibersexo. Independientemente de la conceptualización que se tenga de la sexualidad humana o del matrimonio, estas adicciones tienen la capacidad de generar una distorsión total de la realidad de las relaciones entre varón y mujer; es más, hasta de la identidad sexual de la persona. De igual forma, estas adicciones pueden constituir una de las causas principales de los fracasos matrimoniales en la actualidad.

No deja de sorprender la poca conciencia de estos fenómenos. En la reciente exhortación apostólica amoris laetitia del papa Francisco,[1] como resultado de los dos sínodos de los "Obispos sobre la familia", haya mencionado la palabra internet una sola vez y pornografía en tres ocasiones.

La distorsión social y cultural de la sexualidad humana, en donde el sexo se ha convertido, en muchas ocasiones,

[1] Cfr. papa Francisco, 19-III-2016, exhortación apostólica postsinodal *Amoris Laetitia*. Disponible en w2.vatican.va.

en una “práctica animalesca”, alejada del acto de amar, del amor de donación, se ha incrementado de manera exponencial por la pornografía en internet y el cibersexo. El impacto que esto tiene en las nuevas generaciones, las cuales usan internet todos los días, a partir de los seis años de edad, puede ser devastador y cambiar irreparablemente su alma y su juicio.

Hemos tratado de analizar desde el punto de vista jurídico canónico el efecto y daño de las causas de nulidad matrimonial, pero valdría la pena que el tema se estudiara profunda e interdisciplinariamente para contar con herramientas útiles al servicio de nuestras sociedades y blindar el alma de los matrimonios y familias.

Referencias

BANCO MUNDIAL. Unión Internacional de Telecomunicaciones, Informe sobre el desarrollo mundial de las telecomunicaciones y estimaciones del banco, disponible en <http://datos.bancomundial.org/indicador/IT.NET.USER.P2/countries/1W?display=graph>.

BAÑARES, J.I. (2000). "Antropología cristiana y peritaje psiquiátrico en las causas matrimoniales", junio de 1999, *Iiu Camnonicum*, XL, núm. 80, pp. 413-437.

BARNA GROUP (2016). *Porn in the digital age: New Research Reveals 10 Trends.* Disponible en en <https://www.barna.org/research/cul¬ture-media/research-release/porn-in-the-digital-age-new-research-reveals-10-trends#.V0RrEWPcDY8>.

BIANCHI, P. (2007). *¿Cuándo es nulo el matrimonio?*, Pamplona, EUNSA, pp. 156-169.

CARRERAS, J. (2015). "El amor y las relaciones familiares", en *Apuntes del curso Antropología del Matrimonio y de la Sexualidad*, tema. 6, UNIR, pp. 10-15.

CHICLANA, C. (2014). Entrevista relacionada con la obra: "Atrapados en el sexo", revista *El País*, Cali, Colombia, 16 de febrero.

CIBERSEX, en Wikipedia. Disponible en <https://en.wikipedia.org/wiki/Cybersex>.

DEFINICIÓN ABC (2016). Disponible en <http://www.definicionabc.com/general/pornografia.php>. Consultado el 16/05/2014.

DELMONICO, D. L. y E. J. Griffin (2011). "Cybersex Addiction and Compulsivity", en *Internet Addiction. A Handbook and Guide to Evaluation and Treatment*, Kimberly S. Young, Cristiano Nabuco de Abreu, John Wiley & Sons, Inc., pp. 266-282.

ECHEBURUA, E. (2012). "¿Existe realmente la adicción al sexo?", revista *Adicciones*, vol. 24, núm. 4, pp. 281-286, Sociedad Científica Española de Estudios sobre el Alcohol, el Alcoholismo y las otras Toxicomanías, España.

FAGAN, P. F. (2009). "The Effects of Pornography on Individuals, Marriage, Family and Community", *Research Thesis*, Family Research Council, Washington, D.C. Disponible en <www.frc.org>.

Ferrer, J. (1999). "La capacidad para el consentimiento válido y su defecto (canon 1095)", en *Ius Canonicum*, volumen especial, pp. 633-644.

Franceschi, H. (2011). "Consideraciones acerca de algunas cuestiones disputadas sobre el canon 1095", en *Ius Canonicum*, 51(102): 449-478.

Francisco (2016). Exhortación apostólica Postsinodal, en *Amoris Laetitia*. Disponible en <w2.vatican.va>.

Hervada, J. (1982). "Esencia del matrimonio y consentimiento matrimonial", en *Persona y Derecho*, núm. 9, pp. 149-179. Disponible en <http://dadun.unav.edu/handle/10171/12026>.

Instituto Nacional de Estadística y Geografía (2016). Estadística a propósito del día internacional de internet (17 de mayo), México. Disponible en <http://www3.inegi.org. mx/sistemas/saladeprensa/noticia.aspx?id=2650>.

Joseph, P. N., Sharma, R. K., Agarwal, A. y Sirot, L. K. (2015). "Men ejaculate larger volumes of semen, more motile sperm, and more quickly when exponed to image of novel women", en *Evolutionary Psychologial Science*, Springer International Publishing. Disponible en <http://link.springer. com/article/10.1007%2Fs40806-015-0022-8>.

Juan Pablo II, Audiencia General del 16/01/1980, núm. 5. Disponible en <w2. vatican.va>, consultado el 18/05/2016.

Juan Pablo II, (1981) Exhortación Apostólica *Familiaris Consortio*, 22/11/1981, núm. 11. Disponible en <w2. vatican.va>, consultado el 18/05/2016.

____ (1987), Discurso al Tribunal de la Rota Romana, núm. 7, 05/02/1987. Disponible en <w2.vatican.va>.

____ (1987), Discurso al Tribunal de la Rota Romana, núm. 7, 25/01/1988. Disponible en <w2.vatican.va>.

Koob, G. F. y M. Le Moal (2008). Neurobiological Mechanisms for Opponent Motivational Processes in Addiction. Philos. Trans. R., *Soc. B Biol. Sci.* 363, 3113-3123. [Google Scholar (332)] [CrossRef (333)] [PubMed (334)].

Kühn, S. y J. Galliant (2014). "Brain Structure and Functional Connectivity Associated with Pornography Consumption", en *The Brain on Porn.* jama *Psyachiatry*, pp. 827-834.

López Alarcón, M., R. Navarro-Valls (2010). *Curso de derecho matrimonial canónico y concordado*, Madrid, Tecnos.

Love, T., Laier, C., M. Brand, L. Hatch y R. Hajela (2015). "Neuroscience of Internet Pornography Addiction: A

Review and Update", *Behav. Sci.*, 15 de septiembre, 5(3): 388-433.

Orgilés, M., J. A. Piqueras, J. P. Espada y E. Torrente (2014). "Asociación de la adicción a internet con la ansiedad social y la falta de habilidades sociales en adolescentes españoles", *Terapia Psicológica*, Santiago, Chile, vol. 32, núm. 3, pp. 175-183.

Ortiz, M. A. (2015). "El principio consensual en el derecho matrimonial canónico", en *Apuntes del curso Consentimiento Matrimonial*, tema 1, unir.

Osio, M. A. (2007). "Dopamina, adicciones y felicidad", en *La Medicina Holística en Venezuela*. Disponible en <https://lamedicinaholistica.wordpress.com/2007/11/12/dopamina-adicciones-y-felicidad/>.

Panizo, S. (1987). "La capacidad psíquica necesaria para el matrimonio", en *Revista Española de Derecho Canónico*, vol. 44, núm. 123, pp. 441-470.

____ (1999). "Deficiencias en el campo de la libertad y el valor del matrimonio canónico", en *Ius Canonicum*, Pamplona, volumen especial, pp. 653-671.

Polaino-Lorente, A. (1987). "Comentarios de un psiquiatra al discurso del Papa al Tribunal de la Rota Romana (05/02/1987)", en *Ius Canonicum*, XXVII, núm. 54, 1987, pp. 599-607.

PORNHUB´s2015YearinReview(2016).Disponibleen<http://www.pornhub.com/insights/pornhub- 2015-year-in-review>.

Pornografíaeninternet,Wikipedia.Disponibleen<https://es.wi-ki-pedia.org/wiki/Pornograf%C3%ADa_en_Internet>.

REAL ACADEMIA ESPAÑOLA (2016). Diccionario de la lengua española. Disponible en <www.dle.rae.es>. Consultado 16/05/2014].

SANABRIA, P. A. (2004). "Características psicológicas de consumidores de ciber-sexo: una aproximación", en *Acta Colombiana de Psicología*, núm. 12, Universidad Católica de Colombia, pp. 19-38.

SARMIENTO, A. (2000). *El matrimonio cristiano*, 3a. ed, Madrid, EUNSA, p. 42, ProQuest Ebrary, 04/05/2016.

TEJERO, E. (2007). *¿Imposibilidad de cumplir o incapacidad de asumir las obligaciones esenciales del matrimonio? Historia, jurisprudencia, doctrina, normativa, magisterio, interdisciplinariedad y psicopatologías incidentes en la cuestión*, 2a. ed., Pamplona, EUNSA.

THE HUFFINGTON POST (2013). Porn Sites get More Visitors each Month Than Netflix, Amazon and Twitter Combined. Disponible en <http://www.huffingtonpost.com/2013/05/03/inter¬net-porn- stats_n_3187682.html>.

TopTenReviews.com, Internet Pornography Statistics, 2005-2006. Disponible en <http://internet-filter-review.

toptenreviews.com/inter¬net-pornography-statistics. html>.

Viladrich, P. J. (1998). *El consentimiento matrimonial*, Pamplona.

_____ (2004). "El amor conyugal entre la vida y la muerte. La cuestión de las tres grandes estancias de la union", *Ius Canonicum*, XLIV, núm. 87, p. 52.

Voon, V., T. B., Mole, P. Banca, L. Porter, L. Morris, S. Mitchell, T. R. Lapa, J. Karr, N. A. Harrison, M. N. Potenza, M. Irvine (2014). Neural, Correlates of Sexual Cue Reactivity in Individuals with and without Compulsive Sexual Behaviours, *PLoS One* 9(7): e102419. doi: 10.1371/ journal. pone.010241987.

Voon, V., T. B. Mole, P. Banca, L. Porter, L. Morris, S. Mitchell, T. R. Lapa, J. Karr, N. A. Harrison, M. N. Potenza, M. Irvine (2016). "Novelty, conditioning and attentional bias to sexual rewards", en *J Psychiatr Res.*, núm. 72, pp. 91-101. doi: 10.1016/j.jpsychi¬res.2015.10.017.

Wilson, G. (2011). Porn, Novelty and the Coolidge Effect. Disponible en <http://www.yourbrainonporn.com>.

Women and Online Pornography Statistics (2016). Internet Filter Review. Disponible en <http://www.foryourma¬rriage.org/women-and-online-pornography/

Zimbardo, P. (2011). The Demise of Guys. Disponible en https://www. ted.com/talks/zimchalleng.

Este libro se imprimió en la Ciudad de México,
el 22 de junio festividad de santo Tomás Moro
(pensador, teólogo, político, humanista y escritor),
en Litográfica Ingramex, S. A. de C. V.
Centeno 162-1, Granjas Esmeralda, Iztapalapa,
C. P. 09810, Ciudad de México, México

www.ingramcontent.com/pod-product-compliance
Lightning Source LLC
La Vergne TN
LVHW091341190726
843491LV00002B/821

* 9 7 8 6 0 7 9 7 9 9 1 2 0 *